発達障害の子を持つ親の心が楽になる本

外科医ちっち

SB Creative

はじめに

「あれ？　うちの子、ちょっと変かな？」

発達障害の診断を受けるか受けないかは別にして、子育ての中でこう感じる親御さんは多いと思います。

私は**現役の外科医**として働いています。医師として多少は小児科領域の医療知識がありますが、それでも子どもの言動に違和感を持ちながら、疑問を感じながらの子育てでした。

それは、わが子3人のそれぞれが**「自閉スペクトラム症」**の診断を受けてからも同じです。診断されても、

「結局、親はどうしたらいいのか？」

ということが、診断と同時にわかるわけではないからです。

私は、一番上の長女が診断を受ける前後に、妻と2人で発達障害や自閉スペクトラム症についての情報を集めました。専門的な医学書を見ると、診断基準や大枠の対応はわかるものの、具体的に長女に対して、個別にどう対応したらいいかはわかりません。

多くの本で、子育ての困りごとは（発達障害に限らず）、「愛情を持って適切な対応をすればうまくいく」という表現がよく登場します。しかし、こう表現する本の中で、**「愛情」や「適切な対応」の定義や条件は出てきません。**このように、測れない要素で「うまくいくかどうかが決まる」となると、「うまくいった人はできている」、「うまくいっていない人はできていない」ことになります。

正直、日々の生活を成立させるためには、子どもの要求をどこかで断らなければならないことが絶対にあります。特に発達が気になる子を持つ親は、子育てで罪悪感（負い目）を感じることがよくあります。

特定の状況や環境で、わが子が「うまくいっていない」「苦しそう」なのはわかっているのに、**助けてあげられなかったり、うまく修正してあげられなかったりするから**です。私自身も「自分が至らないせいで、かわいいわが子が苦しいのかも。もっとすごい人が親だったら、この子はこんな思いをしなくて済むのでは？」と何度も考えました。

なので、自分の主張に権威を持たせるためか、このような親の罪悪感を刺激（自覚していようと、無自覚だろうと）し、はっきり測れない「愛情」や「適切な対応」（多分、誰も満たせない）を要求するような内容の本は役に立ちませんでした。

実際に子育てをしていて自分も感じましたが、そういう罪悪感は親子にとって無用であり、無駄であり、悪影響しかありませんでした。**満たしようがない要求を満たせなかったことで消耗し、本来、子どものために割くべき労力を損なってしまうから**です。

私たちの子育てで実際に役立ったアドバイスの多くは、子育て関連ではなく「ビジネスのチーム運営」や「スポーツのコーチング」の話でした。「愛情」などのとらえどころのない話ではなく、**雑多な能力・性格の人が集まる前提の上で「お互いに尊重しあい、能力を最大限に発揮して快適に過ごす」ということに主眼が置かれていたから**です。

一方、発達が気になる子を育てているときに目に付く一般向けの本やインターネット上で発信されているいろいろな情報は、「発達障害の子が○○式子育てでうまくいった」という自慢・布教の本や、「困った行動の原因は○○という栄養の不足」のような、医学的な常識とはかけ離れた怪しい本、「そのままを受け入れましょう」というような、当事者側からすると「今が苦しいのに、受け入れてどうするの？」とつっこみたくなる本ばかりでした。

わが子の診断を機に、多くの本を読みましたが、残念ながら自分が読みたい内容の本はほとんどありませんでした。数少ない、役に立ちそうな本を読みながら実践もしましたが、ほとんど書いている通りにはうまくいきませんでした。

そもそも、**本に書かれている内容を実践すること自体が大変**です。普段から親が介入しようとしても、本人は親の言葉に興味がないし、問題行動の最中に話しかけても、本人に話を理解する余裕がありません。

親がいくら頑張ってもうまくいかないので、**親はどんどん余裕を失っていきます。**

こうなると、

「正しいことをやっているはずなのに、うまくいかない」

⬅

「親の自分が悪いんだ」

「正しい介入を受け入れてくれない子どもが悪いんだ」

という**負のスパイラル**に簡単に陥ってしまいます。

発達障害の子を３人育てている親として断言できるのは、

「正しい介入をしても、子どもはすぐには変わらない」

という事実です。このことはほとんどの本には書いてありません。

子どもへの適切な介入方法を親が勉強すること自体には、間違いなく価値があります。

「声かけ」や「環境調整」にも意味はあります。

しかし同時に、親がどれだけ適切な介入をしても、子どもが変わるのは数年〜数十年後だったり、まったく変わらなかったりする可能性も十分にあります。

○発達障害の子の子育てで一番大事なこと

では、わが子のような「発達が気になる子」の子育てで、親にとって一番大切なことは何でしょうか？

それは**「親側の余裕」**です。

子どもに対して「あなたが大切」と伝え、扱うのは大事です。それと同じぐらい、**親が同じように自分自身に対して「自分も大切」と、自分自身をきちんと扱うことも大事**なのです。このことが結果として**親の余裕を生み出し、家庭の緊張感を減らし、言葉遣いや環境調整の成功率を上げ、結果的に子どもの人生を楽にしてくれる**からです。

そんな思いを抱えつつ、自分たちの子育ての日々の試行錯誤の記録をSNSやウェブメディアで発信し続けてきました。

この本に書かれていることは、余裕を持ってすべてのことを受け止めたり、その都度、完璧に適切な対応をとったりはできない「**凡人の親**」が、「**意識して余裕を確保する**」ために実践していることです。

私が実践していることは、子育てで壁にぶつかった親御さん（診断に関係なく）を楽にしてくれます。その結果、**子どもも楽になる**はずです。

発達障害の子の親御さんは、知らず知らずのうちに気を張り、自分を追い詰めてしまいます。そんな方々のために、発達が気になる子の「**親による**」「**親のため**」の「**親が変わって、親も子も楽になる**」**本**にしたつもりです。そういう本を、まだ見たことがなかったからです。

本書は、自分と同じように大変な子育てをしている親御さんが「**戦略的に余裕を持つ**」ために書いた、わが家のリアルな記録です。

「今の生活」が少しでも楽になり、親御さんが余裕を確保でき、上手に子どもと接することができるようになることを願っています。

2024年8月　外科医ちっち

目次

第3章
子育てで「もう、くじけそう」なときでも楽になる方法……81

第4章 親も子も楽になる「環境調整」の考え方

第6章 友達や先生と楽につきあえるようになる！

登場人物紹介

私（父）

現役外科医。発達障害とは診断されていないが、子どもたちと似たような困りごとを抱えている自覚があり、部屋の片付けや掃除が極端に苦手。妻が生活の大部分を支えている。一方、そんな状態でも医師になり、医師としての仕事もできているので、「苦手なことがあっても、取り組み方は自由。克服しても、得意を伸ばしても、道具で解決してもいい」という思いがあり、日々、子どもと試行錯誤している。

妻（母）

元看護師。現在はライターやイラストレーターとして在宅ワーク中。家族の日々の生活を支えるため、奔走している。意志と衝動性が強く、「やりたい」と思ったらすぐ実行する。やりたいことはずっとやるが、やりたくないことはまったくできない（聞こえもしない）。感情のコントロールが苦手。周囲との協調が必要な看護師時代は苦しさを感じていたが、本人のペースで家事、育児、仕事ができる今は楽に感じる一方、終わりが決めにくいため疲れてしまうことも。

長女

読書が大好きで、同年代の子どもよりも知識量が多い。運動と手先の操作が極端に苦手。「本人に興味があるかどうか」によってパフォーマンスが大きく変わるため、学校での勉強にてこずっており、高校受験を前にいろいろな困りごとと戦っている。親からの介入の効果も、本人の興味によって左右されることが多い。ASD（自閉スペクトラム症）、ADHD（注意欠陥・多動症）、DCD（発達性協調運動障害）。

長男

読み書きが苦手だが、LD（学習障害）の診断にまでは至っていない。運動は好きで、中学では野球部に所属。勉強は好きになれない。発想はおもしろいが、読み書きが苦手なせいか、アウトプットを極端に嫌がる。苦手なことに取り組むときは明らかに苦しそうだが、本人が認めないことが多く、親側の介入は嫌がられることが多いため、本人が受け入れやすい支援を試行錯誤している。ASD、ADHD。LD 疑い。

次男

基本はマイペースだが、無理をして周囲と合わせてしまう部分があり、幼稚園と小学校低学年で不登校を経験。能力の凹凸がかなり目立つ。漢字の「書き」は一部を除いて難しいが、「読み」は学年相当のことができる。不登校の時期は数か月間、意思の疎通すら難しかったが、徐々に元通り話せるようになり、自閉症・情緒障害特別支援学級（情緒学級）に転籍できたことで笑顔が大幅に増え、ニコニコと通えるようになった。ASD、ADHD、LD。

第1章

「理想」を追い求めるのをやめたら楽になる

よくある話 1

愛情をかければ素直で賢い子に育つ

ところが……　無理。何ひとつ思い通りにいかない

「愛情を持って育てれば、素直で賢い子に育つ」「子どもは育てたように育つ」。そんなふうに考えていた時期が私たちにもありました。ところが、1人目の長女が生まれ、子育てが始まって驚きました。生まれたばかりの長女は、ものすごく神経質な子で、ちょっとでも気になるものがあるとなかなか寝ません。やっと寝たと思ったら、ちょっとした物音で起きてしまいます。

「新生児だし、新しい世界には不慣れだよな……」と思い、一度は納得しました。よく眠れるように寝具や服を見直し、お腹が空いた時間が少なくなるように授乳の間隔や量を考え、よく眠れると評判のスイングを買い、なるべく環境を整えました。しかし、**そんな試行錯誤をしても何ひとつうまくいかず、2〜3時間おきに長女に対応する生活**が続きました。妻は、まとまった睡眠をとれない状況が、1年半は続きました。

そんなときどうする？

「できることをやっていく」ことにした

「努力しても必ずしもうまくいくわけではない」と柔軟に考えました。「うまくいかなくても、親なのだから、子どものためにできることを見つけて実行すればいい」と割り切ったのです。「子を変えるための努力」ではなく**「今の親2人が、子に対してできることをやっていく」**と開き直ることにしたのです。

例1

「まだ、寝ない？」

↓「なら、ごみ捨てに行こう！」と、一緒にごみステーションまで行きました。なぜ、ごみ捨てなのか？　親が寝るまでにやりたいことだっ

素敵なママから、やつれ切ったママに……

たからです。寝かしつけがうまくいかず、子どもにイライラするのは、まだやらなければいけないことが親側に残っているときだからです。**子どもが寝やすいように介入した上で、それでも寝ないのであれば、開き直って親側のタスクをこなす**ようにしました。

例2 **「食事を食べない？」**

「なら、ラップして置いておこう」と考えました。明日も食べなかったら捨てればいいのです。食事で大切なのは、栄養のバランスですが、1食で栄養のバランスをクリアする必要はありません。**1食が偏るのであれば、数日から数週間かけて全体で栄養のバランスをとればいい**のです。

例3 **「泣き止まない？」**

「なら、夜の河原に行こう」と考えました。泣くこと自体は別に問題ないのです。おむつや授乳がきちんとできていて、他に病気などにかかったりしていないのであれば、**「別に泣いていい」**と開き直りました。要するに「周りに迷惑だから、泣かれると困る」ので、夜に泣かせる場所を、昼間の散歩で探しておきました。

泣いていい場所で周囲に気兼ねなく泣かせていると、大きな泣き声が夜空に響くのが「おもしろい」と思えることすらあります。川の近くの公園が定番になりました。自宅からは少し離れているものの、街灯がきちんとあって、誰のたまり場にもなっていなかったからです。

夜の河原はしんとしていて、昼とは違う顔を見せます。子どもも、その「昼と何か違う」を感じて気分が変わるのか、泣き止むこともありました。

その結果

「こうでなくては!」と考えすぎていたときは、親も子も身動きがとれなくなっていましたが、「できなくても、それでいい」と考えるようになってからは、**お互いに楽**になりました。子どもが親の思い通りに行動しなくても、あまりイライラしなくなったのです。「子どもがどうしても○○しない。この状況を変えよう」という頑張りをやめました。親の負担になる部分をそぎ落とし、**子どもの行動が変わらなくても親が消耗しない**ようにしました。

よくある話 2

いつか楽になるはず

ところが……　いつまでも報われずしんどい

長女は3歳になって幼稚園に入りましたが、**集団生活が始まり、長女と周りの子どもとの違いが目立つ**ようになりました。長女は予定と自分のしたいことがずれてしまうと、脱力して動けなくなってしまうようでした。当然、幼稚園生活ではそういうことが頻繁にありますから、長女が動けなくなることも一日のうちに何度もありました。

見かねた幼稚園の先生たちが、脱力状態の長女を脇に抱え、移動させていました。これは入園後、数か月が経過しても変わらず、あまりにもそれが繰り返されたので、年配の先生から直接言われたのが「ぼろ雑巾《ぞうきん》のような子」という一言です。

長女はふざけているわけではなく、**次の予定通りに動きたいという気持ちはあるものの、動けない**ようでした。とはいえ先生たちにそのことはうまく伝わりません。家で思いつく限り練習しても、変化はありませんでした。努力しても報われないし、そもそも、その努力が正しいかどうかもよくわかりません。

長女自身、苦しそうなときもあり、**「親としてどうにかしたいのに、何をしたらいいのかわからない」という歯がゆい時期**がありました。この歯がゆさを親ですらうまく表現できず、似た子も知らないので参考にできるものもなく、周囲からは「ただ怠惰な子と、口うるさい親」と思われていたようです。

●どうしても他人と比べてしまう

集団行動になると、想像以上にわが子の「変なところ」が目立ちます。私たちの場合は、ただ「しんどいな。うまくいかないな。隣のお嬢ちゃんとパパとママのほうが幸せそうだな……」と鬱々《うつうつ》としていました。よく「他人と比べずに」といったアドバイスをいただきます。わが家も最初はそうしようと思いましたが、他人と比べるのは人間の動物的な本能ですから**「比べないようにする」というのは不可能**でした。

自分より他人のほうがうまくいっているように見えると、人と積極的にかかわる気持ちがなくなります。公園やショッピングセンターにも出かけたくなくなり、休日も平日もいつも家にいる日々でした。ふとした会話が気分転換になっていた宅配生協のおじさんとも話したくなくなってしまい、居留守を使う始末でした。

日々が大変で、辛いこともあるからこそ、回復しないとやっていけないのに、**大変すぎて、もともと楽しめていたことすらできなくなる**という悪循環でした。

そんなときどうする？

別の軸で評価を得られる機会をつくる

なので、実践したのは「**別の軸で評価を得られる機会をたくさんつくる**」ということです。

長女は集団行動では予定通り動けず、変に目立ってしまったので、**集団行動以外でできることを探した**のです。具体的には、近くの科学館に通ったり、工作のコンクールに応募したりしました。

長女は工作コンクールで賞を取って自信がついた

その結果

思いがけず賞をもらえたり、おもしろい思いつきをコンクールで発表している長女を見たりする機会が増えました。そうすると、あまり見たことがなかった長女の格好いい姿をたくさん見られるようになりました。

同じ年齢の集団生活の中では「変なところ」が見え、園や学校で目立っても、**「本人の能力が周囲と比べて低いのが問題なのではない。状況と本人との相性が悪いのが問題なのだ」**と思えるようになりました。子どもたちは、内容や指示のやり方によって、うまく動けることもあれば、まったく通じず、動けないこともありました。

「できる」と「できない」の違いはあいまいで、大人が感じる難しさだけでなく、興味や体調、機嫌、大人側の指示の出し方に影響されることが実感でき、劣等感を覚えることが減りました。

よくある話 3

親の愛情や真心は、子どもに必ず通じる

ところが……

通じないのが当たり前

親がどれだけ子どもに労力、時間、お金などをかけたとしても、どれだけ努力したとしても、本質的には「子どもには関係ない」のです。そもそも人は根本的に、大人であれ子どもであれ、「他人に何かさせられる」「他人に自分のやり方を変更される」のは不愉快なものです。

うちの子たちを育てていると、「親が、教育やしつけで子を変える」というのは「ただの幻想」だと感じます。

なぜなら、**「血がつながっていても、親と子どもは別人」だから**です。親にとって簡単なことでも、子どもにとっても簡単とは限らないし、親が変えてほしいと思っている行動も、子どもが変えたいと思っているかどうかはわかりません。

そんなときどうする？

子どもを変えようとしない

では、こんな現状を変えたければ、どうしたらいいのか？　答えは簡単です。子どもが親の意図通りに変わらず、それでも現状を変えたいのなら、**「親が変わるしかない」**のです。「まず変わるべき」なのも、「実際に変われる」のも親なのです。

こう言うと「子どもの行動をすべて受け入れる『聖人』になれ、と言うのか？」と誤解されがちですが、そうではありません。**「自分と子どもが快適に生活するために、今日できることを**

子どもは別の人間なので、親が無理に変えようとしない

する親」が目標です。**どんな小さな一歩でも、方向が正しければ成長**ですし、**どんな大きな一歩でも、方向が間違っていれば後退**です。

その結果

自分と子どもの快適さを「目指す方向」として見据えると、「実際の行動は小さなことでいい」ので、**日々の生活の中で、親が自分を褒めるポイントが増えます。**

しかも、進みたい方向を考えるとき、自分の快適さも追求できるので、考えることが楽しくなります。

こうして「子どもを変えるつもり」がなくなると、「観察のときの緊張感」と「減点法の視点」も徐々に消えます。問題行動が起きたときも、次に考える内容が「本来あるべき理想的な子どもの姿」ではなく、「そういう問題行動が起きないように、今から自分に何ができるか?」になるからです。子どもに教え諭《さと》すわけではありませんから、自分で思いついたことはすべて、すぐに試せます。**親自身の行動だから、自分で自由に決められる**のです。

よくある話 4

自立を目指して頑張ろう！

ところが……

「自立するのは無理では……」と絶望的になる

子どもに介入しようとするとき、中心になるのはどうしても、「どうしたらできるようになるか？」です。

ですが、長女の忘れ物や紙の提出物の管理が難しいのは、成長しても変わりません。ファイルを工夫し、カバンを工夫し、親と教師が連携しても、それでもできません。絶対に出してほしい書類を、カバンの目立つところに入れて、その上で提出せずに「そういえば、他の子は今日提出していた」と言われたこともあります。

親から見ると**「あなたは、周囲が提出しているのを見て『自分も』とは思わないの？」**と不思議でした。

そんなときどうする？

何でも自分でできる必要はないと考える

「助けてもらう」ことを恥ずかしがらずに認めます。

「自分一人でできなければならないこと」はほぼないので、**「困ったら助けてもらえばいい」**と考えます。

「自分にはどんな助けが必要なのか」
「どんなふうに助けが必要なのか」
「どうやったら助けを得られるか」
「どうやって助けを申請したらいいのか」

を知っておいてもらうことが大事です。このように、自分の状況をきちんと把握できること、周囲に受け入れられやすい形で助けを求められることが大事です。

いろいろな人に助けを求めていい

その結果

そもそも、何でも自分でできる必要はありません。よく考えると**「本当に本人が完璧にできないと困ること」は、ほとんどない**ことに気付きます。世の中を見渡してみると、忘れ物や遅刻、片付けが苦手など、何かができないまま大人になった人はそこら中にいます。

さらによく観察していると、本人も周囲も、実はそこまで困っていないこともあります。大人になれば、周囲がフォローできることも増えるし、本人に合わせて、やり方や道具を変更することもできます（学校や家庭よりもハードルが下がる）。また、根本的にはできないままであっても、**「お金で解決する」**という選択肢も生まれます。

これに気が付けると、そもそもの目標を「子どもが自立して、何でも一人でできるようになる」から、**「親子が快適に生きていく」**という目標に変えることができます。

よくある話 5

子育ての理想を追い求める

ところが……

わが子の「天才性」を期待して落ち込む

親が無理に「**理想の子育て**」を追いかけると、努力が見えにくくなり、周囲にイラつきやすくなります。

発達が気になる子の理想の子育ては、考え出すときりがありません。「天才性」を期待してしまったり、他の子には簡単にできることがわが子にできないと、どんどん落ち込んでしまったりします。

親ほどは焦っていない子どもの様子にイライラすることもありました。

そんなときどうする？

「今日、明日で何をするのか」を最優先にする

わが家の子育てで、親が子どもへの対応法を考えるときの基準は、子どもに求める理想ではありません。考えるのはあくまでも「今の自分（親自身）にできる具体的な行動」で

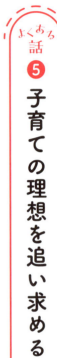

す。**「今日、明日で自分が何をするのか」**を最優先に考えています。

多くの場合、親が思いついて試したことに対して、子どもは予想外の反応を示すので、「どう修正していくか」をたくさん考えないといけません。しかし、一日の中で考えられることには限界があるので、**目の前のことを積み重ねるのを優先して行動**します。

例えば、長男が幼児期にかんしゃくを起こしたとき、最初は「どうやってかんしゃくを起こさないようにするか？　どうやって早く落ち着かせるか？」ばかりを考えていました。

しかし、いくら考えても答えは見つかりません。かんしゃくを起こさないようにすることや

はるか遠い未来より、今日、明日のことを優先していい

早く落ち着かせることは、親にも、長男本人にもできませんでした。

でも、親が今すぐできることを徹底的に考えると、「かんしゃくは避けられない。でも、人が少ない、家以外の場所で感情を発散できれば、長男がけがをする可能性が減り、親の心身の消耗も少ないだろう」➡「**かんしゃくを起こしている長男の体を家から遠くに運ぶことは簡単にすぐできる**」と気が付きました。

その結果

「今、親と子どもがすでにできること」から、目指す目標にどう近づくかを徹底的に考えるようになりました。「できることをするだけ」なら、そう難しくはありません。

また、実際に問題が起きたときの対策法がはっきりしていると、それだけで心が普段から楽になります。実際に問題が起きたときも冷静でいられます。**実行可能な自分のタスクに集中できる**からです。

自分にできることがあると落ち込みにくく、落ち込まずに考え続けられると「少しでも状況をよくするために自分にできる対策」が意外に思い浮かぶようになります。

よくある話 6

環境調整で「普通」「常識」「当たり前」を追い求める

ところが……

遅かれ早かれ破綻してしまう

環境調整で「普通」「常識」「当たり前」を追い求めると、遅かれ早かれ破綻してしまう危険があります。こうやったら「普通は楽なはず」、こういう方法が「他の子には効いた」という手段は、**自分の子でもうまくいくとは限りません。**そもそも変化を嫌うことも多いので、準備しても使わないこともよくあります。

そんなときどうする？

親子の手間を「少しでも減らせれば勝ち」と考える

なので、「親が提供できる」「子がうまく活用できる」環境が、その親子にとっての正解です。わが家での環境調整は「普通」「常識」「当たり前」をすべて捨て去り、**「親子の手間を少しでも減らせれば勝ちのゲーム」**と考えています。この考え方ですべての環境調整を行います。

わが家での一例です。わが子3人全員が小1で苦労したのは、筆箱と鉛筆の管理です。他の親子は、筆箱をきちんと持ち帰り、親が促すと筆箱を開け、鉛筆の長さを確認し、必要なら（短くなっているようなら）親に新品の鉛筆を要求できるようです。

しかし、わが家ではまったくできません。そもそも筆箱を毎日持ち帰ることが難しく、無くさないことですら難しいのです。

なので、筆箱と鉛筆の管理はやめました。**「筆箱を持ち帰る必要はない。毎朝、鉛筆と鉛筆削り器を持っていきなさい」**ということにしたのです。いろいろな種類の鉛筆を買って用意しておき、毎朝、本人たちが一番気に入ったものを持っていけるようにしました。

世間の「階段」ではなく、わが子に合った小さな階段（スモールステップ）を昇ればいい

その結果

しかし「これでめでたし、めでたし」とは、いきませんでした。鉛筆がすぐに無くなるからです。なので、**ランドセルと家の机のそばには、それぞれの名前を刻印した鉛筆をたくさん用意**しました。

正直、学校側が期待するような「物の管理の習慣」はまったく身につきません。しかし、社会人として働けている自分も、筆箱の管理は多分できません。なので、管理の能力を身につけるのではなく、**鉛筆の本数で困らないことだけを目標**にしました。**親も子も、お互いになるべく努力せずに済むような解決策**を考えたのです。

スゴーイ!
どやっ
賞状
優秀賞

第2章

「何をしてもうまくいかない」ときでも楽になる考え方

よくある話 7

他人のアドバイスを参考にするとよい

ところが……

理想論や精神論を押し付けられる

わが子と一緒に暮らしていない親類（例えば祖父、祖母）や、わが子と一緒にいる時間が短い大人（友人、知人）は、そもそもわが子の困りごとへの「解像度」が低くなりがちです。なので、**理想論や精神論を押し付けられる**ことが少なくありません。

そんなときどうする？

見当外れな意見は無視していい

他人から見て（客観的に見て）、どれほど不格好であっても**「できること」**をしましょう。環境調整と言葉かけで最優先なのは**「わが子に合うかどうか」**です。特に環境調整は、「できるようになる」ことではなく、**「困らず快適に過ごせるかどうか」が最も重要**です。格好よく見えなくてもいいし、理想像とかけ離れていても構いません。

これは、「他人を無視する」「他人の意見を聞かない」という意味ではなく、わが子への理解が不十分な大人（外野）から、無理な対応、過度の対応を要求されたときは無視していいということです。

親子で試行錯誤して見出していく**「個々の親子の快適な過ごし方」が一番大切**です。

その結果

他人から見て「自分たちがどう見えるのか？」は重要ですが、発達が気になる子の親をしていると、「基本ができていない親」と扱われがちです。

とっくに試していて、その上で子どもが受け入れないからしていないのに、「○○を試したほうがいい」などとアドバイスされることも多いです。

「他人に理解されにくい大変なことをしているのだ」「自分にできることはすでにしている」と考えることで、他人の無理解なアドバイスに、いちいち落ち込んだり、いらだちを感じたりすることが減ります。

周囲は無責任なことを言うもの

よくある話 8
親としての自分の行動に自信を持ちたい

ところが……

無力感に打ちのめされる

親が何かに介入しても、すぐに他の困りごとが出てきますし、成長してちょっと落ち着いたと思ったら、成長したからこその新たな困りごとが出てきます。まるで**「ゴールのないマラソン」**をしているような日々です。

無力感に打ちのめされることがあるかもしれません。でも、子どもは間違いなく一緒に走ってくれています（味方とまでは言い切れないのが難しいところですが……）。

私は3人の子育てを通して断言できますが、多くの子どもは本当に**親に従順**です。なので、言われたことの大半を、子どもは自分なりに守ろうとします。できないこともあるし、自分なりの守り方なので、勝手にマイルールに変えてしまうこともありますが、それでも**「親のかかわりのかけら」**のようなものは、きちんと子どもの中に残ります。

そんなときどうする？

日記を書き、写真を撮る

息切れしがちな親御さんにおすすめしたいのは**「日記（記録）を書くこと」**です。「自分の理想はこうで、子どもの理想はこうで、その上でそれぞれが、何をしてどうなったか」を日記に書いておくのです。それは、**親子がこれからも一緒に走り続けるための大切な指針になるし、思い出になります。**

日々が大変すぎて、「日記すら書けない」という方へおすすめしたいのは、**スマホなどで写真を撮って保存しておくこと**です。iPhoneであればiCloudへ記録しつつ、リビングのテレビをApple TVにつないでおくと、写真から顔を認識して「家族の思い出写真集」を勝手につくってくれます。

日記を書くと、過去の子ども、過去の自分と話し合える

その結果

ちょっとした時間に「家族の思い出写真集」を流すと、少し前に困っていたことの大半が、今は気にならなくなっていることに気が付きます。成長にともない改善、修正しているわが子の「偉業」にも気が付けます。日記や写真として記録して、他者の視点で見返すと、お互いに成長していることを感じやすくなります。私はブログやX（旧Twitter）も定期的に見返しています。子どもの成長にびっくりすることもありますし、そのときの自分の思考から学びを得ることもあります。

「子どもの昔の写真を撮る／見る」「子どもを見ていて考えたことの日記をつける／読む」の2つは、どちらも昔を思い出せるので、子どもが自分の感覚以上に成長していることを確認できます。そうすると、昔の悩みと今の悩みが異なっていることに気が付けます。少し前に「できない……」と悩んでいたことの一部は、気が付くと解決しているのです。日々の生活では無限に「次の悩み」が出てくるので、これまでの成長を実感しにくいのですが、記録があると振り返ることができます。子どもが成長しているから、自分の悩みごとも移り変わっているのだな、と自覚できます。

よくある話 9

親の自分をケアするための余裕をつくろう

ところが…… 自分自身のケアができなくなっている

世の中には「余裕をつくりましょう」と言われたときに、ためらわずいろいろと動ける人と、具体的に何をしたらいいかわからず、途方に暮れてしまう人がいるでしょう。私も妻も、普段から自分の余裕を気にする習慣がそもそもありませんでした。**自分で自分をケアしようと思い立っても、具体的に何をしたらいいのかがわからない**のです。

世の中には、余裕をつくって自分をケアすることが当たり前にできる人と、意識してやろうとするとわからなくなってしまう人がいて、おそらく後者のほうが多いのではないでしょうか？

わが子3人も「余裕のつくり方」が明らかにへたなので、まずは両親が何とか上手に「余裕をつくれるようになろう」と思い、いろいろ試しました。私は、分野を問わずおもしろい本さえあれば、どんな状況でも幸せなので、好きな本を定期的にたくさん買って読むことで、基本的には健やかに過ごせることがわかりました。割とわかりやすい趣味で助かりました。

ところが妻は大変で「自分が何をしたいのか？」が本当にわからなくなっていました。私が子ども全員を世話して「妻が1人で過ごせる休日」をつくっても、母と離れることで大泣きする子どもたちを見ると、すぐ戻ってきてしまいました。私が子どもたちを連れて外出しても、心配なのか、ついてきたりしていました。

「じゃあ、せめてオンラインで自分の好きなものを買ってもらおう」と現金やギフト券をプレゼントしても、子ども服や絵本、おもちゃなど、子どものために使ってしまうのです。**大変な子を育てる日々の中で、すっかり「自分のケアをする」ことができなくなっていた**のです。妻は当時を振り返って「好きなことをしてと言われても、自分が何を好きなのかわからなくなっていたから思いつかなくて」と教えてくれました。

そんなときどうする？

「子ども第一」の強迫観念を取り去る

それからは、手当たり次第に、**妻が自分のために使う時間をなんとか確保**しようと、いろいろ試していきました。

最終的に有効だったのは、「一緒に子育て記事を書く副業をする」でした。妻の問題は、「専業主婦なので、自分で稼いでいる感覚がない」ということと、「夫の稼ぎは、子どものために全部取っておきたい」という強迫観念でした。

その結果

しかし、ここで偶然、ライターという副業を手に入れ、本来は存在しなかった「自分の稼ぎ」が収入として得られるようになったことで強迫観念が軽減し、自分のための服や化粧品、本を買えるようになりました。

これは子どもたちも同じでした。漠然と「余裕をつくろう」「セルフケアをしよう」と言われても動けません。

「自分は何を快適だと思うのかという知識」
「自分のケアにためらわず使えるお金と時間」
「自分はケアされるのに値する存在だという自己肯定感」

が揃っていないといけません。

もっと言えば、「定期的にケアしないと、自覚がなくても人間の心身はすり減る

という実感」がないと、自分のことをつい後回しにしてしまいます。うまくいかないときに一番簡単なのは、採算を度外視して、長時間の自己犠牲を試みることだからです。そして、多くの場合、発達が気になる子の親御さんは、その自己犠牲を「見本」として子どもたちに見せることになってしまいます。

「子どもは大事。同時に親の自分も大事」という態度を通して、子どもたちに「自分も大事」と思ってもらうことが大切です。

お母さん、お父さんも自分の好きなことをしよう

よくある話 10

対応や介入が最適なら事態は改善する

ところが……　最適なはずなのに改善しないとドツボにはまる

最適な対応をうまくやっても、事態が改善しないことはあります。「選択した対応は最適だが、子ども側がきちんと実践できていない」とか「選択した対応は最適だが、親側に受け入れる器がない」とか「選択した対応は最適だが、お互いの体調が悪い」などいろいろなケースが考えられます。

もっと言えば、**最適かどうかを「神様」が教えてくれるわけではないし、うまくいかない理由も教えてくれません。**大半の医療機関や療育施設は、支援がその場所で完結してしまうので、家庭での困りごとに切り込む仕組みがありません。

なので、うまくいかないときは、「親の介入が悪いから変えるべきなのか?」「介入自体は正しくても効果が出ていないだけだから、もう少し待ったほうがいいのか?」の間で心が本当に揺れ動きます。

そんなときどうする？

成長しなければ改善しないことも多いと割り切る

「今のどんな対応や介入も効果がなく、成長しなければ改善しないことも多いのだ」と割り切ります。その上で、

- **使わない**⬇態度を見つつ、どのように使うかを考える。
- **嫌がる**⬇その介入をやめ、どの点が嫌だったかを考える。
- **嫌がらず、実際に使ってみたがうまく機能しない**⬇介入自体は続けつつ、相性を考える。

として、「1回目でうまくいく」という幻想を捨て、淡々とPDCAサイクルを回します。

殻を破って出てくるときを待つ

その結果

無駄に悩まなくて済みます。**困りごとが減る一番の要因は「本人が成長したことで自然にできるようになる」**でした。**時間の経過を味方につける**のです。

親が焦らなくても、できるようになることは多いのです。発達が気になる子は一部のことが極端に苦手ですし、ずっとできないままのイメージがありますが、他の子たちの平均からは遅れているものの、本人なりに成長はします。

わが家の場合、幼稚園から小学校低学年の間は大変でしたが、中学年〜高学年になると、困りごとが徐々に減りました。成長に驚かされる日々です。

よくある話 11

できないことを、できるようにしてあげたい

ところが……

できるようにならないままだと焦ってしまう

教師や療育の支援者の多くは「できないことが、できるようになる」方法を模索します。同じように親も、普段から「できないことを、できるようにしてあげたい」という気持ちを思考の中心としていることが多いです。

そんなときどうする？

必要な物とお金があれば、とりあえず生きていける

このとき大人たちの頭から抜けがちなのは「できないままでいい」という選択肢です。**大半のことは開き直り、不格好さを許容して、場合によっては、必要なお金を準備できれば、できないままでも生きていけます。**

片付けがまったくできないなら、人から物を借りず、家にも招かず、定期的に家事代行サービスを呼べばいいのです。忘れ物をするなら、変則的な持ち物がない学校や職種を選

べばいいのです。本人がまったく変わらなくても、必要な物とお金があれば、とりあえず生きていけるのです。

もちろん、「できたほうがよいこと」ができないままだとデメリットはあります。行動によっては友人をつくりにくくなるし、金銭的・時間的なコストもかかります。

その結果

ただし、この考え方は「できるようになる」ことを放棄しているので、他人には受け入れがたいかもしれません。教師や療育の職員が、「○○はできないままでもいいですよ」とは言い出せないでしょう。将来の選択肢には入れにくいのです。

「できないままでごまかせる」のであれば、「できるようになる」ことを放棄する道のほうが、**本人の労力が少なくて済む**ことはあります。なので、「できるようになる」方向だけではなく、**「できないままで成立させる」**方向にも頭を使いますし、子どもにも一緒に考えてもらいます。

この考えは完全に開き直りで、後ろ向きで、お金もかかる道ですから、この選択肢は親にしか提示できません。

変われないなら、物とお金に働いてもらうことを考えよう

よくある話 12

「無理をして」とは言っていないのに……

ところが……

「私には、そこまではできません」と言われてしまう

日常生活での試行錯誤をインターネットで発信していると、他の親御さんに「**私には、そこまではできません**」と言われることがあります。また、学校との話し合いでは、先生などに「**私は発達障害の素人なので、自分にそんな専門的な対応はできません**」と言われることもあります。

そんなときどうする？

「無理してもらう必要はない」と明確に伝えるとバリアが消える

こういうことを言われるたびに、「自分の感覚がうまく伝わっていないな」と感じます。なぜなら、自分は無理をしていないし、誰かに無理をしてほしいとは思っておらず、むしろ対極の位置にいるからです。私は、自分ができることしかしていませんし、子どもの言

動で自分が不愉快だったり、怒りを感じたり、理不尽なことをされたりしたら本人に伝えます。そこに、発達障害は何も関係ありません。先生方などにも、無理をしてほしいとは思っていません。**無理をしなくても、お互いが楽になれることは実際にあるので、それを探しましょう、ということ**なのです。

子どもたちにも同じことを要求しています。普段から「自分ができることをすること」「大人が間違っていると思ったり、自分の言い分が正しいと思ったりしたときは、ためらいなく主張すること」を伝えています。

相手の「壁」を壊そう

その結果

親側の介入が「誤解や勘違いだった」と子どもたちに謝ることもあります。子どもには、親や教師を含む大人も、全能ではないし、聖人でもないという前提を伝え、**無理をせずにお互いの行動をくむ**ようにしています。

周囲との話し合いでも「無理をしてほしいとは思っていない」とはっきり伝えると、**先生などがまとっている見えないバリアが消える**ことがあります。

よくある話 13

発達が気になる子を育てるのは大変ですよね？

ところが……

「障害児を育てている親」という意識はない

「診断を受ける＝日常生活で何か困りごとを本人や家族が感じる」状況なので、「大変」であることは事実でしょう。一方、「発達が気になる子の子育て」は、**一言では言い表せないほど幅広い**ものです。子どもの性質や能力、性格、親の性格、収入、祖父母の助けが得られるかどうか、居住している地域はどこかなど、さまざまな変数の影響を受けるからです。「大変だから辛いか？」という質問の答えは人それぞれでしょう。

それを踏まえた上で言いたいのは、私は**自分を「障害児を育てている親」とは考えていない**、ということです。

そんなときどうする？

私が育てているのは「長女」であり「長男」であり「次男」

　発達障害という言葉は、かわいいわが子への対応方法を探すときのキーワードではありますし、学校との話し合いを円滑に進めるため、発達障害という診断を提示することはあります。

　しかし、私が子育てしながら対応しているのは、長女、長男、次男です。**「発達障害や自閉スペクトラム症の子ども」への対応をしているのではありません。**

　ここを間違えると、一気に「個人」が消えて、相手を人間扱いできなくなって

障害は、その子たちが持って生まれた
髪の色や目の色のような特徴のひとつ

しまいます。どんな症状があろうと、どんな障害があろうと、長女、長男、次男と接するときに、障害が一番先にくることはありえません。

あくまで、育てているその子に障害があるだけであって、障害のある「目の前にいる子」の親であることを忘れないようにしています。

その結果

「どんなときであっても障害はその人より前にこない」というのは、親も意識しているし、本人たちにも伝えています。ただ、こういう考え方は、簡単に「障害を言い訳にするな」と当事者を追い詰める方向にもつながりやすいので、大人側に注意が必要です。

よくある話 14

子育てはうまくいかないものだから落ち込んではいけない

ところが……

つくりたての料理を床に落とされたら誰でも落ち込む

想像してみてください。あなたは、子どもにおいしい食事を食べさせたくて、材料を厳選し、手間暇をかけて料理しました。ところが、子どもに配膳したとたん、その料理を床に落とされてしまいました。怒らないにしても、まずは**悲しくなる**でしょう。自分の労力が無になったことが辛いですし、「子どもとおいしい料理を食べる」といううれしさを共有できなかったことも悲しいでしょう。**それは当たり前のこと**です。

でも子育てだと、なぜかこれと似たような状況で悲しむのはタブーとされがちです。

そんなときどうする?

親だって「辛い」と言っていい

悲しむこと自体はまったく悪いことではありません。親だって「辛い」と言っていいのです。困りごとを抱える子どもが楽になるように本や講演で勉強して、ガジェットを購入したり、環境調整のため自宅の状況を変えたりしても、子ども側がまったく変わらない、触りすらしないということは頻繁にあります。**このこと自体が「悲しい」「辛い」のは当たり前**です。

なので、わが家では親が率直に、よく感情を口に出します。子どもに言われたことで悲しくなったとき、辛くなったときは、それを子どもに伝えます。

悲しい、辛いことそのものよりも、**悲しみや辛さを感じてはいけないとか、我慢しないといけないという考え方が親を消耗させる**からです。

子ども同士であっても、成長にともない人間関係が複雑になって、徐々に「直

責めなければ、お互いに「嫌」と言っていい

接言わない」ようになるので、その対策でもあります。お互いに失礼な態度や不潔な言動はやめるよう、口に出して伝えています。

その結果

どんな種類であっても、**自分の感情を否定しなくていい**と考えると、それだけで少し楽になります。世間的にはダメではないけれど親は悲しくなる行動を子どもに伝えられると、もっと楽になります。

注意点は、いきすぎると「操作」につながることです。**自分の不機嫌で、子どもを操作しようとしていないかは、常に注意**しています。

よくある話 15

どんなときもポジティブ思考が大事

ところが……

ネガティブになっていないわけではない

これは、私が「本を書く」と妻に伝えたとき、「絶対に書いてほしい」と言われた項目です。妻から見ると私は、何か大変なことになっても、妻とは異なり、「ネガティブにならない」ように見えるそうです。私から見たら妻のほうが明るい人間で、ポジティブに見えるので、これには、結構驚きました。そもそも、**私の中にネガティブな感情はたくさんある**からです。

そんなときどうする？

一刻も早く状況を改善できるよう意識

ただ、私の場合は「本当に怖い。不安だ。**だからこそ本当に効果のある解決策を出すしかない。**そうしないと事態が改善せず、ずっとこの怖くて不安な状況にいることになる。それが一番嫌だ」というのが本心です。なので、表向きは「〇〇の結果が出た。じゃあ、次は△△をしてみたほうがいいのか？　今すぐにできそうなのは□□だ」と、事態に対して冷静に対処しているようにに見えるようでした。

　ですから、妻に「どうやってネガティブにならないようにしているのか？」と聞かれたとき、「ネガティブにはなっているし、ならないようにもしていない。本当にその状況を解決するしかないと思っているから、解決方法を考えている。**自分の感情そのものを考える時間をゼロにして、自分の感情の改善を目標に、状況の改善を一刻も早くできるように意識している。**だから外からはネガティブになっていないように見えるだけ」と答えました。

状況の改善を最優先して、問題解決に集中する

その結果

それが本心だったのですが、妻にはうまく伝わらず首をひねられました。負の感情が頻繁に出ることをネガティブというなら、私はかなりネガティブな人間です。しかし、嫌だからこそ、とりあえずできそうなことを真剣に考える、考えたことをなるべく早く実行する、という方向にエネルギーを持っていきます。

自分の感情と行動はつながっていないので、**頭の中がポジティブでも必要な行動をしなければ状況は変わらないし、ネガティブでも必要な行動ができれば状況は変えられます。**

よくある話 16

発達が気になる子の人生は困難に満ちていてかわいそう

ところが……

「どう生きるか？」は自由

基本的に子どもの人生はその子の自由ですし、実際の社会は寛容です。「できたほうがいいこと」ができなくても、**その子が生きていく方法や生きていける環境は必ずあります。**

もちろん、人と違えば選択肢が狭まったり、何かを制限されたりすることはありますし、似た形の別のものでしかかなわないかもしれません。しかし、そういう不利益を受け入れられれば、**「どう生きるか？」は自由**です。

そんなときどうする？

親子で勝手に選択肢を狭めない

わが家では「親子で勝手に選択肢を狭めてはいないか？」「自分たちで自分たちを困らせていないか？」「もっと他に手段はないのか？」を常に振り返るようにします。

おすすめなのは、「目標から逆算」せずに、**「できることから目標までを、無理やりでい**

いから組み立ててみる」ことです。「Aができない」という問題を解決しようとしても答えが出ないときは、関係なく見えてもいいから「できること」を、まず探してみます。関係なくてもいいのなら、いくつか「できること」が思いつきます。本人がすでに持っているこの「できることカード」を組み合わせて、「Aができる」までの道すじを考えます。遠回りでいいし、いろいろな人やモノの助け、お金がかかることを前提にしても構いません。

最初は連想ゲームのようで、脈絡のない答えがたくさん出てくるので笑えてくるのですが、**成立している「正解への流れ」が意外と存在する**ことに気が付きます。

人生という「道」には障害物や通行止めがあるかもしれないが、迂回路はある

例えば、「片付けできない」子が「(本人が)片付けできるようになる」必要は、実はありません。「物欲が少ない⬇片付けしないで済むくらい、モノを増やさない」でもいいですし、「特技がある⬇本人に合わせた片付けをしてくれる人を雇うくらい年収を上げる」でもいいし、「自分で決めたルールは守れる⬇その都度片付けるのではなく、一日の中で片付けする部屋の状態と時間帯を決めておき、必ずきれいな状態になるようリセットする」でもいいのです。**目標に至る経路は自由でいい**のです。

その結果

最近、私が「おもしろい」と感じたのは、「家電が好き⬇ロボット掃除機が通りやすいように部屋をレイアウトする⬇結果的に片付く」という発想です。何か苦手なことがあるとき、「できない」と思い込むと、そもそも考えるのが楽しくなくなり視野を狭くしてしまいます。

困りごとは「大喜利」ぐらいに考えて、**自分ができるカードを組み合わせたり、必殺の「外部委託」カードを使ったりしながら、目標へ近づく方法を探す**と楽しくなります。

よくある話 17

怒りを感じたら、6秒耐える

ところが……

6秒の間に何倍にもなって襲ってくる

何かをされて負の感情を覚えることは誰にでもあります。**負の感情を我慢する必要はありません。**しかし、「負の感情を我慢しない」＝「誰かに負の感情をぶつける」と勘違いしている人がたくさんいます。また、「負の感情は時間の経過とともに自然に薄れる」と勘違いしている人もたくさんいます。

「怒りを感じたら、6秒間待ちましょう」という有名なアンガーマネジメントのフレーズがあります。そういう場面で実際にやってみるとわかりますが、「怒りを感じたとき、6秒待ってから行動しよう」とすると、**増幅した怒りがその6秒の間に何倍にもなって襲ってきます。**「感情に耐える」とか「感情を無視する」といった対処法には悪影響しかありません。

そんなときどうする？

❶負の感情を否定せず、分析する
❷秘密のノートに書き、確実に捨てる

私の場合、２つの対処法があります。

対処法❶ **「なぜ？」を繰り返して、負の感情が生まれた理由を探る**

負の感情自体を否定せず、**「じゃあ、なんで自分は不快なのか？　なぜ怒っているのか？」**と考えてみます。

意外とすぐに答えが出なかったり、出たとしても、よく考えてみると微妙に質問の答えとしてはずれていたりすることに気が付きます。

「実際に自分は不快なのに、なぜ不快に思う理由を答えにくいのか？」と突き詰めていくと、**自分自身が負の感情をネガティブに考えている**ことに気が付きました。

負の感情は子どものころから否定されがちなので、「そういう気持ちでもいいから、理由を教えて」と言われても、「嫌だから嫌」以上の理由を考えるのは難しいのです。

対処法❷
秘密のノートに書き、確実に捨てる

「なぜ？　なんて考えられない」という人も多いと思います。❶の方法はいつでもできるわけではありません。そういうときは、「嫌な感情をとにかく放出」します。でも、他人にぶつけず、感情を放出するにはどうしたらいいのでしょうか？　**1冊のノートを準備して、密室で感情を書き、誰にも見せないで捨てる**のです。

この説明だけでは、効能がいまいちわからないと思いますので、ぜひ、試してみてください。ノートは何でも構いません。好きなページの好きな場所

人に見せられないことをノートに正直に書いて、確実に捨てる

に、嫌な感情をそのまま書くだけです。❶のように「なぜ？」を突き詰める必要はなく、話が飛び飛びでもOKです。解決策や対応を考える必要もありません。

とにかく、嫌なこと全部を書きます。そうすると、考えるだけでなく書くというステップを経るためか、自分の気持ちが客観的にわかります（読者目線になる）。

絶対に守るルールは**「誰にも読ませないこと。思ったことをそのまま書くこと」**です。他人の目を意識してしまい、格好をつけて、気持ちとずれたことを書いてしまうのはダメです（よくあります）。できれば、**密室の環境を準備して、廃棄の方法まで決めておく**と、発散しやすくなります。

対処法❶の結果

自分の心中に踏み込んで、負の感情の理由が見つかると、負の感情は急速に収まっていきます。少なくとも「自分自身」という**「自分の声をきちんと聞いてくれ、考えてくれる味方」**が見つかるからです。この「0と1の違い」は大きいです。

対処法❷の結果

慣れてくると、結構な量の嫌な感情を日常で感じていることがわかります。やってみると驚きます。そして、それを書いて、読むだけでも、気持ちがかなりすっきりすることにも気が付きます。❶と同じで、**「嫌な感情がある」と自分自身で気が付くだけでも、楽になります。**

よくある話 18

発達が気になる子の子育ては「楽しんでやる」

ところが……

「試行錯誤が嫌になる」と事態は「地獄」

発達が気になる子の子育てでは、うまくいかないことがたくさんあります。だから、「楽しんでやる」のが理想なのですが、結果が約束されているわけではないことを考えると、**楽しめる人は少ない**でしょう。さらに「試行錯誤そのものが嫌になる」と事態は「地獄」になります。「やってもうまくいかない」「やり方を変えるのも嫌」となると、**身動きのしようがない袋小路**に入り込んでしまいます。

そんなときどうする?

嫌になったら、いったんやめる

大前提は「**嫌にならない**」ことです。一番簡単で効果が高いのは、「**嫌になったら、いったんやめる**」ことです。

次に簡単なのは「**お互いが絶対に口を出さない領域を事前に決めておく**」ことです。具体的には「親子ともに、介入をやめてもらうスイッチ」と「介入されない安全地帯（自陣）」を事前に取り決めておきます。子どもが不適切な行動をして、親が「やめてほしい」と伝えたときは「やめること」を子どもに求めます。逆に親の介入に対して、子どもが「やめてほしい」という意思を表明したら、すぐに「やめること」です。「やめてほしいこと」に理屈や説明は一切なしでよいのですが、**相手が身動きをとれなくなるような要求はしない**ようにします。

また、**嫌になったときに逃げ込め**

子どもの「嫌ゲージ」を観察し、危険域に近づいたらやめる

る**「安全地帯」のような場所や趣味**も残しておきます。この安全地帯では最低限のルールを遵守すればよく、相手の言い分などを考える必要はありません。自分が自由に振る舞える**「自陣」**です。私の場合は通勤時の読書です。ここだけは、誰にも邪魔されない私だけの落ち着く場所です（満員電車自体は不快ですが）。

その結果

実際には使わなくても、**「嫌になったらいったん状況を止められる選択肢が自分にある」**というのは、人を落ち着きやすくしてくれます。

第3章

子育てで「もう、くじけそう」なときでも楽になる方法

よくある話 19

発達が気になる子でも自分の行動や気持ちなら把握できる

ところが…… **自分の気持ちでも把握できないことがある**

2番目に生まれた長男は、自分の気持ちの把握がうまくできない子でした。本人の好きに過ごさせても途中からかんしゃくを起こしてしまうし、理由を聞いてもわかりません。興奮状態だから、親側が少し距離をとろうと離れてもパニック状態でついてくるので、それも難しいのです。

自分の気持ちをうまく把握できないためか、記憶がいびつで「嫌なことを鮮明に覚え、楽しかったことをすぐに忘れてしまう」子でもありました。

親として辛かったのは、寝る前に長男に「その日の思い出」を聞いたとき、「**今日は嫌なことばっかりだった**」と主張されることが多かったことです。親の目線では、長男の日々の生活の中にも「ちょっとした楽しいこと」が確かにあったはずなのです。でも、そんな「ちょっとした楽しい記憶」は、長男の記憶から簡単に消えてしまうのです。

そのせいか、少し大きくなって親との会話が増えてきた長男は、**「自分は話を聞いてもらえない」**とよく言っていました。長男は「自分だけ話を聞いてもらえない。楽しいことなんかない」と思いがちだったのです。

親の目線では、長男の大半の要求を受け入れ、長男が話すことを喜んで聞いているのですが、長男の記憶には残らず、実現できなかった一握りのこと、長男が途中で話すことを中断された記憶だけが強く残り、**「親に言うことを聞いてもらえなかった記憶」「親に話を聞いてもらえなかった記憶」**として残っていました。

長男は、普段の生活で頻繁にかんしゃくを起こし、その状態で大好きな姉や母に近づいていくため、クールダウンとして、父である私に抱っこされ、外出して他の人と離れることが多かったのですが、長男本人はかんしゃくを起こして暴れている自覚がないので、「なぜか自分だけが父によって、家の外に追い出される」と感じていました。

そんなときどうする？

親ができることは、全力でかなえる

そんな長男が「大切にされている」と思えるように、妻とひとつのルールを決めました。

それは**「落ち着いたときに言えたお願いは、お父さんが絶対に全力でかなえる」**というルールです。

長男の願いの多くは「○○をして一緒に遊ぼう」でした。頻繁にやりたいことは切り替わるし、幼さからか理不尽なことも言うため、どうしても大人1人がマンツーマンで付かないと、本人は満足できません。

でも、妻は家事や姉に手を取られる瞬間があり、それがわずかでもあると「拒否された」という思い出で記憶が染まってしまうのです。

だから、**私がいる時間は、長男の願いを全力でかなえる**ことに決めました。幼児期の長男は、寝る前に布団に入ってから「ドッジボールをやりたい」と言い出すことが結構ありました。

そんなときは、当直明けで眠くても「ドッジボールをやりたい」と言われるたびに近くの公園まで行ってドッジボールをしました。急に「○○に行きたい」「△△が欲しい」

父子でドッジボールを全力でした深夜の公園

と言われ、すぐにはかなえられない願いのときは、ホワイトボードに書いて冷蔵庫に貼り、本人に優先順位を決めてもらい、本人の要望に合わせてひとつひとつかなえていきました。

長男が口に出した要望のすべては、**絶対に親が「すぐにかなえる」もしくは「かなえる途中である」ということが本人にわかるようにした**のです。

寝る前の会話では、長男に「その日のよかったこと」を質問として聞くと、最初に思い出した「嫌だったこと」が返ってきやすいので、本人に聞くことは減らしました。その代わり、親のほうから「一緒にやって楽しかったこと」「格好よかったこと」「感謝していること」を子どもに伝えるようにしました。

その結果

このような行動を年単位で積み重ねることで、長男はやっと寝る前に「**今日は○○が楽しかった。明日の△△が楽しみ**」と言うようになりました。このように、親が問題に気が付いて、介入を始めても、年単位での成長を待たないと変わらないことがあります。特にかかわり始めた最初のころは、本当に変化が何もないので、何度もくじけそうになりました。それでも続けると変化することはあったのです。

よくある話 20

自分を大切にすることを教えよう

ところが…… **大人から怒られることが多いので困難**

発達が気になる子を育てていて、どうしても伝えたいのに、成長するほど難易度が上がることがあります。それが「自分自身を大事にする」ことです。

発達が気になる子は、苦手なことが「極端にできない」ので、**周囲から理解してもらうのが難しいことがある**のです。

家庭では、変な叱責をしないように親が気を付けられますが、学校や習い事などで子どもの世界が広がるにしたがい、**「やる気がない」「誠意がない」と怒られることも**増えます。

発達障害と診断されていることや、苦手なことがあることを事前に伝えておいても、です。

大人から怒られやすい子が、それでも「自分は大切」と思うのは、**大人から怒られることが少ない子よりも難しくなります。**

そんなときどうする？

親が自分を大切にしている姿を見せる

親が自分を大切にする様子を、子どもに見せることが大切です。子どもの見本になるように、**親が自身を大事にしないといけません。**親は意外と忘れがちですが、親が子どものことをよく見ているように、子どもも親をよく見ているからです。

しかし、実際に自分を大切にしようとしてみても、何をしたらいいかわからなくなります。**自分へのケアは慣れが必要**だからです。おすすめなのは、以下です。

・自分のために使う予算や時間を最初に用意して、絶対に自分のために使う。他者からは無駄に見

父母も好きなことをして、自分を大切にしている姿を見せよう

えることでも構わない。

そうすると、自分がいろいろな感情や欲求を持っていることに気が付き、理解が少しずつ進みます。自分自身のケアもうまくなります。

その結果

親が「自分自身を大切にする」様子を見せること、その具体的な方法を実際に伝えることで、自分自身のケアの見本を見せられます。

特に、**親の真似をすると子ども自身が楽になるようなことは、子どもが真似してくれることが多い**です。ただし、**親が真似してほしいと思っているだけの部分は真似てくれないことが多い**です。

よくある話 21

子どもの話をよく聞き、考えていることを教えてもらう

ところが……

子どもは言葉で表す力が未熟なのでわかりにくい

親である自分に少し余裕ができたとき、子どもの言動を観察していると、うまくいかない環境調整や言葉かけは、子どもの受け取り方が親の意図や予想とは少し違うようだ、ということに気が付きます。

つまり、**「親側の意図が子どもにうまく伝わっていない」「子どもが考えていることも親側にうまく伝わらない」**ため、問題が解決しないのです。

ただし、後者は子どもにヒアリングすれば、親の努力で何とかできるようにも思えます。子どもに何度も質問していると、ときおり想定外の回答をしてくれて、大きく理解が進むこともあるからです。

しかし、大半は「よくわからない……」か、親側が「例えば、〇〇みたいなこと？」と聞いた質問に対するオウム返しの答えを聞くことになります。

こうなると結構しんどくなります。親は子どもの気持ちがわからないから子どもの意見を聞きたいのですが、**子どもには親の意図が伝わりづらく、自分の気持ちを言葉で表す力も未熟**なので、**大半の答えは本質的なものではなく、その場を終わらせるための適当な言葉**になります。

子どもは「早く終わらせたい」が最優先になって、出てくる答えは、実際の心情ではなく、「大人側の反応がよいもの」になってしまいます。

なので、**親が質問して子どもの要求を聞き出すのは、幼児期から小学校低学年くらいまでは特に難しい**のです。

そんなときどうする？ 徹底的に観察する

質問してもわからない子どもの本心を考える

疑問だらけでも、とことん観察する

ため、**徹底的に観察**します。問答だけでは解決しないからです。「うまくいったときの共通点は何か？」「問題行動の引き金は何か？」「そこに親が介入するとどうなるか？」を、観察し、分類し、**子ども本人よりも子どもの欲求や判断基準、快適な条件を発見できること**を目指します。

ここで大事なのが、**「誠意や愛情といったものを抜きにして、子どもの反応を素直に判断すること」**です。ものすごく考えて、考え抜いて大金を投じたときの反応と、数秒で思いついて無償で試したときの反応があるとします。でも、もし後者の反応がよければ、数秒で思いついて無償で試した選択肢が正解です。反応がよい対応を、親自身が思いつかず、外部の人が思いつくこともあります。これも反応がよいほうが正解です。自分が考えたものにこだわってはいけません。**答えは、大人がかけた労力ではなく、必ず子どもの反応にあるから**です。

その結果

この方法には難しい点が2つあります。1つ目は、**子どもの反応だけを頼りにしていると、楽なほうに流れやすくなる**ことです。どんな子どもであってもずるい面はあるし、子どもがただ喜ぶことだけを追求すると、成長を阻害してしまう可能性があります。「快適に過ごすこと」と「のびのび挑戦すること」のバランスがよくなるように調整します。

2つ目は、**成長にともなう子どもの反応を評価しづらくなる**ことです。わが家の子どもの反応の評価は、成長してから難しくなりました。子ども側も、成長してくると、他者の労力の大小で評価に下駄《げた》をはかせるようになってくるからです。

例えば、長女は友達にもらった筆箱を気に入って、毎日使うようになりました。ところが忘れ物が増えてイライラし始めたのです。**友達からもらった筆箱は、彼女にとって本当にうれしいものだったのですが、残念ながらその筆箱の機能は、長女と相性が悪かった**のです。

ただし、こういう反応自体は人間関係のトラブルを減らせるので**成長の証**と言えますし、一概に悪いこととは言えません。

なので、子どもには率直に「誰かからもらったもの、してもらったことに感謝するのは大事。でも、自分がやりやすいやり方や道具を使うことも大事だよ」と伝え、その都度、一緒に考えています。

よくある話 22

子どものやる気を引き出せばできるようになる

ところが……

子ども側に受け皿がないと無理

親側が直してほしいタイミングでどれだけ試行錯誤しても、**「子ども側の受け皿」**がないと効果がありません。よく誤解されていますが、子どもの「やる気」の問題よりも、「能力面」の影響のほうが大きいからです。世間一般の子どもが平均的に成長していればできるはずのことであっても、わが子がそのことができるほど十分に成長しているかは、別問題だからです。

「子どもの反応の中に答えがある」と書きましたが、子ども側の受け皿がまだできていなければ、親側が100点満点の対応をしたとしても、反応はありません。なので、今、自分が介入していることについて、**わが子がその介入内容を受け取れる段階にあるのか、きちんと成長しているのかを把握することが大切**です。

そんなときどうする？

できる時期が来るのを待つ

　そうなると、いつが介入の時期だか判断できなくて困ってしまいますよね。わが家では、「どうしても直してほしいことは絶対に譲らないが、現時点でできないことについては責めないし、説明を求めることもしない」と決めました。要するに、わが子がいつできるようになるかは、親側もわからないのだから、**「できるように成長するときが来るまで、ずっと定期的に刺激する＋試すことを嫌がらないように工夫する」**ことにしたのです。

土づくりをして、芽が出るのを待とう

その結果

実際にそうしてみると、成長の大きさがよくわかるようになりました。幼いときはどうしてもできなかったことが、数年後には苦もなくできる、ということがよくあります。何の練習もしていなくても、です。

「困りごとへの介入」を意識すると、どうしても短期的に結果を求めたくなりますが、**できてほしいことを「待機リスト」に入れておいて保留する**のもよい選択肢です。

よくある話 23

わが子に負の感情を持ってはいけない

ところが……

無理をすると周囲への攻撃性として成長することも

親は、わが子に対して「負の感情を持ってはいけない」と考えがちです。道徳的な嫌悪感かもしれません。しかし、**子どもの言動に対して、親が不快になったり、怒りを感じたり、負の感情を持つこと自体は、ごく自然なこと**です。「わが子のことは大好きだけど、○○という行動はしてほしくない」というのは、心の中で矛盾せずに成立します。血がつながってはいますが、究極的には「他人」である以上、当たり前の感情です。

「愛のある親だったら、子に対して負の感情を持たないはず」というのは幻想です。この幻想は、親の心を落ち着かせてくれません。むしろ、このような負の感情を日ごろから無視していると、他人に対しても理不尽な態度をとりやすくなります。きちんと向き合わず、無視した負の感情は、**「私はこんなに努力して、自分を犠牲にしているのだから、これくらいはやっても当たり前」という、周囲への攻撃性として成長**してしまいます。

子どもたちは、親自身が負の感情に対してどう行動しているかよく観察しています。負の感情を無視することで、自分の中でどんどん育ってしまい、周囲に当たり散らして発散する、という姿を見せてしまえば、子どももそれを真似してしまいます。

そんなときどうする？

負の感情を積極的に認識・解析する

親として避けなければならないのは、「負の感情を抱くこと」ではなく、「負の感情に乗っ取られて行動してしまうこと」です。これを防ぐには、負の感情をむしろ積極的に認識し、解析していくこ

怒りや悲しみの原因を考えてみる

とが必要です。怒りを感じたときは、まず、「自分は怒りを感じている」と認めることが大切です。不快なときは、まず、「自分は不快だ」と認めることです。

私は子どもの言動で傷ついたとき、「それは嫌だよ」と率直に伝えることもあります。子どもの言動を受け止めることと、不快な感情を押し殺すことはイコールではありません。

その結果

調整が必要なのは、あくまで感情の表現方法であり、感情の内容は自由です。自分の負の感情を認めた上で、「誰の行動の、どの部分に？」「どういう理由で？」「どうなってほしい？」「そう判断したのはなぜ？」と突き詰めていけば、落ち着くことができます。

よくある話 24

親は子どもから逃げてはいけない

ところが……追い詰められる

家庭での最初の環境調整は、「課題の洗い出し」や「うまくいく方法探し」ではなく、親と子それぞれの**「回復スペース」「回復ルーティン」**をつくることです。

絶対に意思疎通できる「魔法の方法」はないし、問題行動が急にゼロになる「奇跡の成長」もありません。**問題行動を修正したい場合は、何度も何度も挑戦する**ことになります。99・9％そうです。

1回の挑戦ごとに少しでも改善が進むのであれば、親子ともに挑戦するモチベーションが生まれますが、ほとんどの介入は**「成果ゼロ」**です。本を読んで、講演を聞いて、グッズを買って準備した真心たっぷりの環境調整は、平気で無視されたり、使われなかったりします。

そんなときどうする?

親も子も「逃げ場」を用意する

このような「何も得られないチャレンジ」を繰り返すのに、欠かせないものがあります。親にとっては「**空振りでも冷静でいられる場所**」、子にとっては「**拒否して逃げられる場所**」です。最初に「環境」として用意したい大切なものです。

「子どもに逃げ場を用意すると、そこにこもって出てこなくなる」「外の世界に適応する気がなくなる」という意見をもらうことがあります。正直、私自身もそう感じてしまう部分は、今

家庭内に親子それぞれの安全基地があったほうがいい

でもあります。

それでも、子どもには逃げ場所や快適な道具が必要です。理由は簡単で、「問題行動は快適な環境で減り、緊張する環境で増える」からです。**子どもが落ち着ける状況であることは、子ども自身だけでなく、親にとってもメリットがある**のです。

その結果

「快適な環境を用意したら、サボり続けるのでは？」というのは大人の幻想です。子どもは、予想以上に強く、**休憩場所を「とまり木」のように使いつつ、自分から外に出ていきます。**わが子3人と接しての実感ですが、自閉スペクトラム症の診断がある子どもであっても自立心はあるし、知的好奇心は平均的な子どもより強いくらいです。

毎日の「成果ゼロ」に親は消耗しますが、タイプの違う3人のわが子を育てて断言できるのは、**「時間（成長）は親子の味方」**です。何を試してもダメであきらめていたことが、数年経ったら「いつの間にか直っていた」「試したら1回でできた」なんてことはよくあります。

よくある話 25

粘り強く「声かけ」を続ける

ところが……

決してやらないこと、習慣化しないこともある

10年以上の子育てで、「歯磨き」や「プリントチェック」など、どれだけ毎日やっていても、わが子たちが自分からは決してやらないこと、習慣化しないことがあることを知りました。

私は、相手ができるようになるわけでもないのに、**延々と声かけを続けるのが結構な負担**でした。しかも、この声かけは成長にともない「言ってもなかなか動かない」ようになる高難度ミッションに発展するからです。

そんなときどうする？

Alexa（スマートスピーカー）に任せる

なので、私は、わが子たちが自分からは決してやらないこと、習慣化しないことについては、**声かけや声かけすることを覚えておくことすらやめました。**その代わりAma zonの「Echo Show」を導入し、Alexaを活用して、スヌーズ機能が付いた呼びかけを実施しています。

その結果

ただ、子ども側の適応能力もたいしたもので、Alexaが来た当初は機能した「Alexa⬇子ども」の呼びかけは、数か月でまったく聞こえなくなった（意識されなくなった）ようです。何度促しても無視するので、今は「Alexa⬇親⬇子ども」という流れでの呼びかけに変わりました。それでも、**自分で声か**

声かけのタスクはAlexaにお任せ！

けのタイミングを覚えておく必要がまったくなくなったのは本当に楽です。Alexaに言われた瞬間、子どもが動くまで促すだけのタスクになったからです。その分、イベントで変則的になった日は大変ですが。

親側は予算を自由に使えるので、開き直れば前述のように「親子で嫌なことをやらずに生きていける」生活ができます。この計画には、子どもたちにも一緒に積極的に実行してもらいます。子どもの目線で不快なことを何でも報告してもらうのです。課題の洗い出しができれば、その不快なことの中には、実は解決策があって（学校で他の子が当たり前にできているから誰も気が付かない）、できなくても困る必要がないことが一定数あるからです。

わが家でうまくいっている環境調整は、「親や子が苦手を克服してうまくできるようになった」からではなく、能力は変わらなくても生活を変えてくれる「相性のよい道具が見つかった」からです。

よくある話 26

うまくいった親や保育士の「言葉かけ」を真似すればうまくいく

ところが……

「こうやったら絶対に通じる」という正解はない

親側がどれだけ言葉を見直していろいろな説明を試しても、子どもに伝わらないことがあります。**子ども側の「アンテナ」がうまく機能していない**のです。電波が弱い場合は、説明の方法で違う反応を得られますが、アンテナ自体がうまく機能していない場合は、親側で電波の強さを調整しても親の意図は届きません。

よく「伝える内容」や「伝え方」は議論されますが、子ども側の準備や能力が足りなければ、行動の修正は難しくなります。

難しいのは**「こうやったら絶対に通じる」という正解がない**ことです。「うまくいった親や保育士が書いた書籍を参考にして、同じように子どもに話しかけたらうまくいく」という「幻想」を抱いていた時代が自分にもありました。

でも、実際は「話しかけても聞いていない」「聞いていそうでも意味は伝わっていない」「少し伝わったかと思ったが、数十分後には忘れていた」など、そう簡単ではありませんでした。

そんなときどうする？

「通じる言葉」を探す

子どもへの言葉かけで一番大切なことは何でしょうか？　答えは簡単で、まずは**「伝わること」**です。態度や言葉遣い、タイミングなどはすべて「伝えるため」に調整するものなので、それらの「正しさ」は、子どもによって変わります。「意味の正しさ」ではなく、子どもの感覚を刺激して**「通じる言葉」**を探すしかありません。

具体的には、親にできる範囲の説明をしてみて、「そもそも聞いているのか？」「どの場合に反応がよいのか？」をひたすら観察します。子どもは「どの人が言ったのか？」も気にしています。

通じない理由を分析する

まったく同じ内容でも、父が言うのか、母が言うのか、教師が言うのかなどで、反応も違います。

なので、わが家では必要なら**「親以外から言ってもらう」**ことも選択肢に入れています。親以外の人の介入がうまくいっても、親が介入したとき、同じ反応が返ってくるとは限りません。常に「自分がどう言ったら通じるか？」を突き詰めます。

その結果

「子に聞く耳がないと、親の言葉は通じない」と考えていれば、話が通じないとき、自分の「言い方が悪いのでは？」とネガティブにとらえず、**「そもそも、今の子どもに言葉を受け入れる能力と姿勢があるか？」**と考えられるようになります。そうなると、今までより視野が広くなります。子どもに足りないのは「能力」なのか、「やる気」なのか、「指示」なのか、何なのかを突き詰めていけます。すると、そもそも人に何かを伝えるときに気を付けなければならないのは、言葉だけでないことを意識できます。

よくある話 27

子どもを思って、できていないことを注意する

ところが……

「怒られた」というマイナスの記憶だけが残る

わが子たちを注意するときにとても大変だったのは、**「親はあなたを嫌いになってもいないし、あなたを否定もしていない」という大前提を子どもと共有すること**でした。

子どもにとって注意されるということは本当に心身の負担が大きいようで、私が大声を出さず、努めて冷静に話そうとしても、本人の頭の中では「否定された」➡「親は自分が嫌い」という連想ゲームが始まってしまいます。話の内容が「自分がやった不適切な行動」についてだからです。

さらに気を付けないといけないのは、発達が気になる子は特に**「マイナスの記憶が長期間残り、ふとした瞬間、勝手に再生される」**ことがあるということです。注意するときはよほど工夫して、考え抜いた内容で伝えないと、親側のメッセージが伝わりません。

本人が「車道に飛び出す」など命にかかわる危険な行為をして、親が本当に焦って「飛

び出すな」という簡単なメッセージを伝えたとしても、内容が頭にまったく残らず、「怒られた」というマイナスの記憶だけが残ってしまうことがあります。

そんなときどうする？ 紙に書いて伝える

落ち着いて自分の感情を一度整理すると、子どもにかける言葉は変わります。余裕がなくイライラしていればきつくなりますし、余裕があれば「気にせず放っておく」という選択肢もとれます（家の中で親側ができる工夫をする）。親側が意識すべきなのは、以下の3点です。

❶子ども側の「アンテナ」の状態を確認する

「子どもは話を聞く状態にあるか？」「その話を理解できるか？」「理解した上で実践できるか？」によって、「何を伝えるのか」は変わります。不適切な行動をしていても、場合によっては放置するしかないときもあります。不適切な行動をしていれば、親としては注意したくなりますが、それは子ども側の「アンテナ」が機能しているときだけにしましょう。

❷子ども側の「残存体力」を確認する

どれだけ正しく、どれだけ伝えるべきことで、どれだけ子ども側に理解できる能力があっても、子どもの1日の体力には限りがあります。**受け止めきれないほどいくつも伝えれば、伝えた内容はこぼれ落ちていくだけ**です。

一度立ち止まって「何を伝え、何を求めるのか」「それは今日伝えるべきなのか」を考えるべきです。子どもが「受け止められる情報」だけを伝える必要があります。

❸親側が落ち着いて❶と❷を判断できているか?

子どもを育てていると、親の権力の大きさに怖くなります。私が間違ったことを言っても、ほとんどの場合、子どもは受け入れるしかあり

紙を使って「会話」してみよう

ません。子どもには正論を言い返すことも、無視して自分なりのやり方を貫くこともできません。

「こんなにたくさん気にしてられないよ！」と思いますよね。私自身も、注意する瞬間に、ここまで気にすることはできません。なので、**私は「注意のやり方」で親側がいきすぎるのを制限する**ことにしました。**子どもへの注意は原則、紙に書いて伝えます。**

その結果

そうすると、感情的な注意は自然としにくくなります。書き出すとき、**手の動きでどうしても思考のスピードが制限される**からです。最初は怒って強めの口調で書こうとしても、「あれ？　ここまで怒らなくてもよくないか？」と途中で落ち着いてきます。

よくある話 28

世間一般に言われていることはすべて正しい

ところが……

「呪いのようなフレーズ」がたくさんある

一般的には「正しいこと」のように言われているものの、実際には多くのケースで成り立たない「呪いのようなフレーズ」がたくさんあります。

そんなときどうする？

誤った知識はしっかり否定しておく

誤った知識は悪影響が大きな「呪い」のようなものなので、しっかり否定しておくことが大切です。

呪い1

「愛情を持って子どもにかかわれば伝わる」

発達が気になる子の親で、言われたことがない人はいないかもしれません。場合によっては、健診で医療従事者に言われることすらありますが、間違いです。こういうことを言う人とは、かかわらないほうがいいでしょう。

低年齢で「自分の子は変わってる？」と思えた親は、そもそも相当深い愛情の持ち主です。子どもをよく見ていないと、そういった違和感に気が付かないからです。

人の脳の働き方は多様なので、人によってはどんなに頑張ってもできないことや感覚的にわからないことがあります。このようなとき、ただ愛情の話に変えてしまう人は、問題の解決にあまり真摯《しんし》ではありません。このような話をしない人に相談しましょう。

子どもと良好な関係を築けるかどうかは、**徹底的に「その子どもに伝わる＋親が実践できる型」を探し出して、それを守れるかどうか**で決まります。**平均的な子に伝わる言動かどうかではなく、伝えたい内容がその子に伝わるかどうか**がすべてです。なので、必要なのは愛情というより、知識、経験、技術です。

呪い2

「能力は苦労することで伸びる」

大変な思いをすれば能力が伸びるとは限りません。正直、関係ないでしょう。能力が伸びるかどうかは、**大変さではなく、相性のよさがすべて**です。ものすごく大変な思いをしてもまったく学ぶものがないことはありますし、本人には楽で簡単にできること（世間の平均的な方法とは異なったり、親には大変そうに見えたりすることもありますが）でも、能力が伸びることがあります。

親子でその子なりの方法を見つけるときに必要なことは、❶根拠のない自信と❷試行錯誤の回数と幅なのですが、子どもとの相性が悪く、苦労するような方法を強制されると❶が摩耗しますし、❷をやりたがらない原因にもなってしまいます。

むしろ、**簡単で楽しいことをひたすら試しているうちに、その中から能力を伸ばしていけそうな方法が見つかる**ことがあります。その方法を用いると実際に能力が伸びていき、過程は本人なりの変わった方法だけれども、見かけ上の結果は周囲と同じ……というのが一番うまくいく流れです。

呪い3

「極端に苦手なことは支援しないと伸びない」

わが子が「極端に苦手とするが、社会的には必要になること」について、親は焦って支援しがちです。Aの方法がダメなら、Bの方法。BがダメならC……という流れで、いろいろな方法を絶え間なく親のほうから提案して試してしまいます。そして、親側が思いつく限りのすべてを試してもまったくできず、親子ともにボロボロになってしまうこともあります。

結局、うまくできない時期に親がいろいろ試しても、本人が頭の中で「できない」と思っていたら、方法に関係なくできません。

では、「そういう苦手は、結局どうなったのか」といえば、多くはできるようになりました。「そんなに大変だったのに、どうやって？ 誰かよいコーチが見つかったの？」と思いますよね。でも、そういうことではないのです。**「ある日突然、練習することも、親が支援することもなく、本人ができるようになった」**が答えです。

あまり言われませんが「待っているうちにできるようになる」ことはあります。実際に長女が成長してくるまで、私も誤解していました。もちろん、事前に「待っているうちにできるようになる」とはわからないし、できるようになるまでの糧《かて》にはなっているでしょうから、試行錯誤することは問題ありません。親だからこそとれる**「いろいろ試してダメだったら、とりあえずできるようになるまで待つ」**という選択肢を心の中に持っておきましょう。

呪い4

「子どもの意思を尊重する」

子育てがうまくいっている人からよく聞くフレーズですが、嘘です。そもそも、人の意思は複雑だし、人はわがままです。「本当はそう思っていないのに、つい悪口を言ってしまう」ことはありますし、「必要だと思うけど、やりたくない」こともたくさんあります。

何より「自分でもどうしたいのかわからない」ことがたくさんあります。語彙《ごい》や経験、権限に限りがある子どもであれば、なおさらです。**子どもの意思を尊重しようとしても、「言っている内容がさっきと違う」「本人の希望に合わせたはずなのに嫌がる」ことは日常茶飯事**です。なので、子どもたちには正直に、

「親でも伝わらないことはあるし、かなえられないこともある。親でもそうなのだから、先生や友達には多分もっとある。でも、口に出すことで伝えることはできる。だからこそ、自分の意思を持つことと、それを他人に伝わるように話すことは大事なんだよ。**他人はあなたのことがわからないから、わかってほしいなら、あなた側からわかるように表現しないといけないよ**」

と、年齢に合わせつつ何度も伝えています。

子育てのデマは本当に多いので、惑わされないように

また、「子どもの意思を尊重する」というフレーズは、かえって子どもに負担を強制する側面もあります。意思は本人が発信するしかないので、**発信できない子には酷なフレーズ**なのです。

その結果

「親の大変さ」の総量は、以下の式で表せます。

親の大変さ＝❶試行錯誤の大変さ＋❷誤った知識や思い込みによる大変さ＋❸親側の感情的な大変さ

❶は年単位でかかったり、いつまでもなくならなかったりすることもありえますが、❷は**正しい知識を知った瞬間に消えます**。❸は**考え方を変えることですぐ減らせます**。大変さが減ると考える余裕が生まれ、試行錯誤の手数を増やせます。

よくある話 29

わが子に共感してあげるべき、理解してあげるべき

ところが……

「親がこんなに共感しようとしてるのに！」となりがち

親があまり**共感**を意識しすぎると、**「親がこんなにあなたたちに共感しようと努力しているのだから、親の気持ちもわかってくれ……」**という感情が強くなってしまいます。

前述のように、子どもは自分の感情を把握できていないことも多いですから、親が共感したところで、それを「共感だ」と理解するのが難しいことがあります。理解しようにも、子ども本人がそもそも正解をわかっていないこともあります。明らかに怒っている態度なのに、本人は「怒っていない」と主張することもあります。そんなときは、寄り添いようがありません。

そんなときどうする？

共感や理解は「マストではない」と考える

子どもが問題行動をする理由として「子どもにも言い分がある」「本人なりの考えがある」

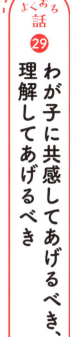

答えは「共感」からではなく「目の前の子ども」から生まれる

という話は正しいと思います。しかし「子どもの言い分や考えを親が理解しなければいけない」とか「親が理解しなければ対応策はとれない」という考え方は間違っています。**子どもの言い分や考えがまったくわからなくても、子どもを受け入れることはできるし、対応策をとることも可能**です。むしろ、**割り切って感情を抜きにして、子どもの行動のみに注目したほうが解決策を思いつくことも多い**のです。共感や理解はマストではありません。

その結果

問題行動への対策を考えるときは、「これがわが子ではなく、通りすがりの人だったら？　病院に来た患者さんだったら？　自分の部下だったら？」など、架空の立場を想像してみます。すると、「通りすがりの人にここまで求めてもしょうがないな」とか「患者さんにここまで求めるのは酷だな」とか、自分がこだわっていた問題点が、**実はそこまでこだわるほどではなかった**と気が付きます。

よくある話 30

夫婦は子育てで足並みを揃えるべき

ところが…… **夫婦で足並みは「揃えていない」**

結論から言うと、夫婦で足並みは**「揃えていません」。揃える必要があるとも思っていません。**子どもたちと一緒に生活していても、問題と思うところが私と妻では結構違います。

問題点を共有しようとしても、お互いに「言われてみれば確かに問題だ」と思うこともあれば、「それはあなたが気にしすぎているだけであって、そんなに気にしなくていいことでは？」と思うこともあります。「あなた自身は気が付いていないようだけど、あなたにはこういう問題があって、子どもはあなたにそっくりだよ？」となることもあります。

そんなときどうする？

ひとりひとりの大人として、別の視点で介入を考える

なので、お互いにひとりひとりの大人として、**別の視点で介入してみたらいい**と考えています。視点が違うので、落ち着いて対応できたり、対応策として思いつくことも違ったりします。

その結果

「**自分が「違う」と思ったとき以外は、能動的に相手の提案に協力**しています。また、**相手が休息を取れるようにも努力**します。加えて、どちらが発案したにせよ、**子どもへの対応とその結果は両者の責任**と考えています。これはお互いにそうです。

余談ですが、わが子3人はずっと母にべったりで成長しました。「カンガルー」のような子育てです。休息を取ってもらおうとしましたが、父にも祖母にもべったりすることはなく、交代が困難だったのです。無理やり引きはがすと、今度は妻が落ち着いて過ごせないという状況で、妻には申し訳ない気持ちでいっぱいでした。」

それぞれの視点で子どもを手伝えばいい

よくある話 31

言って通じなければ、怒鳴ったり、たたいたりしてもやむを得ない

ところが……

怒鳴ったり、たたいたりすることは明らかにマイナス

親が怒っている態度を見せたり、怒鳴ったりすると、恐怖のあまり緊張して、親が言っていることが頭に入らなくなってしまう子どもがいます。「そのとき、その場でだけ、親の思い通りに動かせればいい」のであれば、怒鳴ったり、たたいたりすることに一定の効果はあります。

しかし、「次の機会に適切な行動をとってほしい」のであれば、**怒鳴ったり、たたいたりすることは明らかにマイナス**です。

そんなときどうする？

CCQ（穏やかに、近くで、静かに）を遵守して諭す

わが家では、「親が言っていること」をしっかり伝えて、きちんと理解してもらうために、**CCQ（Calm：穏やかに、Close：近くで、Quiet：静かに）を遵守《じゅんしゅ》して諭す「し**

か」**ない**という結論に至りました。とはいえ、これは本当に難しいことです。私たちも四苦八苦しながらやっています。

諭すといっても、簡単ではありません。親が慌てているときはうまくできないこともありますし、親ができる範囲で努力しても伝わらないこともあります。そんなときにわが家でしているのは次の3つです。

❶冷静なほうにバトンタッチする。興奮しているほう（父か母）が子どもから離れる。

❷親以外の第三者からも子どもに伝えてもらう。特に子どもが権威を感じる人から言われると効果を期待できる。

例……交通安全について、警察官が長男を指導してくれたときは効果があった。

❸環境調整して、子どもがその行動を選択できる状況にそもそも置かない。

例……道路に飛び出してしまう子にはハーネスを外出時に付ける。

その結果

飛び出しなど、命が危ない問題行動もあります。このとき「優しく言うと真剣さに欠けて、子どもに伝わらないのでは？　強く伝えたほうがいいのかも？」と思いがちです。私も、妻も、そういう接し方をしたことはあります。でも、やはり通じなかったのでやめました。

もちろん、子どもによって正解は違うでしょうし、正解の対応をしてもすぐ修正させられるとは限りません。それでも、怒鳴ったり、たたいたりしない理由は単純で「うまくいかない」からです。諭す理由は「うまくいく可能性が一番高い」からです。

CCQを守らなければ頭に入らない

キャー!!

第4章

親も子も楽になる「環境調整」の考え方

よくある話 32

環境調整や声かけを頑張れば、子どもは変わる

発達が気になる子を持つ親向けのいろいろな本には、**したほうがいい環境調整や声かけ**の例がたくさん紹介されています。このような環境調整や声かけをしっかりすれば、うちの子どもも変わってくれるはずと考えていました。

ところが…… 短期的にはあまり効果を感じられない

いくら環境調整や声かけを頑張っても、短期的にはあまり効果を感じられませんでした。世の中には、発達が気になる子を持つ親向けに書かれた、数多くの声かけ指南本がありま す。だから「うまい声かけには、よい反応」という幻想があるかもしれません。でも、声かけしたくなるような問題行動が子どもに出ているときは、本人も落ち着いていません。ですから、**どれだけ言葉を選んだとしても、子どもがそもそも聞いていない**ことすら結構あります。

環境調整対策のグッズもたくさんありますが、そもそも**本人たちは「困っている」とい**

う自覚に乏しいので、生活の中で使ってもらうことすら難しいのです。

わが家での一例を挙げれば、「消しゴムが使いにくく、字を消そうとしたときプリントを破ってしまう」という困りごとがありました。この困りごとは親から見れば明らかに「適切な力加減ができていないからうまく消せない」のだから、「グッズで解決すればいい」と考えます。

しかし、本人たちはこの困りごとで困っていない、つまり自覚できていないので、親が提案するグッズを試してくれない（90％は一度も使わない）し、試してくれたとしても続かない（9％は少し触ってくれるものの続かない）のです。**継続し**

子どもは 10 年、20 年後に完成する。途中の出来や見た目で判断しない

て使ってもらえるのは残りの1%という「狭き門」なのです。

そんなときどうする？

環境調整や声かけは長期的視野で行う

相性のよい、子どもたちが受け入れやすいような支援を続けます。同時に、親側も、「子どもが受け入れてくれる（うまくいく）介入方法を探す」というより、**「子どもの気が向いたとき、本人の近くに解決策を準備しておく」**というぐらいの気持ちでいるようにします。大前提として、環境調整や声かけは「長期的に見れば」効果がありますが、「環境調整や声かけを行った瞬間に効果を実感した」ことはありません。

その結果

子どもたちとの相性がよく、受け入れられやすいような環境調整や声かけを、数か月、数年単位で実践して、そのとき振り返って初めて、環境調整や声かけの効果を実感できます。

１００ｍダッシュのような瞬間的な体力ではなく、**子どもに受け入れられなくても気にせず、それでもずっと試し続けるマラソンのような体力のほうが大事**です。

よくある話 33

子どもの行動を分析すれば、有効な手が打てる

親が子どもに有効な手を打てないのは、「子どもの行動をよく観察していないから」「しっかり観察して分析すれば、必ず有効な手を打てる」と考えていた時期がありました。

ところが……

❶親が考え抜いた対応を、子ども本人が台無しにすることもある

❷正しいだけでは、子どもは受け入れてくれない

どれだけ親から見て正しい方法であっても、本人が困っているように見えたとしても、他の親がその方法で成功していたとしても、「自分の子どもでうまくいくかどうか」はわかりません。

親はわが子の苦しそうな姿を見ることがどうしても多いので、わが子が何とか楽に過ごせるよう、何とか落ち着いて過ごせるよう、毎日試行錯誤し、普段から必死で生活しています。

そんな中、「うまくいかない」だけではなく、子どもが**「試しすらしない」**、親が組み立てた予定の動きを「してくれない」、場合によっては**「積極的に台無しにしようとする」**ことすらあります。

普段と違うこと（ほんの少しでも）への抵抗が強いので、「赤ちゃんが、知らない場所で泣く」こととあまり変わりません。でも、親の労力やお金がかかっていたり、親以外の大人がかかわってくれていたりする対応だと、がっかりしたり、申し訳なくなったりして、気持ちがズーンと沈んでしまいます。「あなたが楽になるはずのことをしているのに……」という、**わが子を責める気持ちすら浮かんでくる**こともあります。

そんなときどうする？

❶子ども本人が受け入れる確率を上げる
❷親は傷つくことをやめる

この状況を打開、改善したければ、方法は2つです。1つは**「子ども本人が受け入れる確率を上げる」**こと、もう1つは**「親の提案や対応が子どもに伝わらなかった（採択されなかった）とき、傷つくことをやめる」**ことです。この2つを達成する方法を普段から考えておきましょう。そして、多くの家族で共通して効果があるのは、「親子の余裕の確保」です。

その結果

介入したほうがいいタイミングや行動を見つけると、一見、問題は解決しそうに思うのですが、それは「スタート地点が見つかった」という状況に近く、**そこからの試行錯誤が必要**です。子ども側からしたら、「親が勝手に言い出した提案」にすぎないので、拒否されたり、興味を持たずに使われなかったりすることも多いのです。子ども側に余裕があれば、親といった「他人」からのアドバイスを聞く余力が生まれます。親側に余裕があれば、さんざん努力して準備し、お金をかけて子どもへアプローチしたにもかかわらず、成果がゼロであっても、「こんなこともあるさ」と**落ち込みにくい**のです。

「玉入れのかごを広げる」「外れても気にしない」

よくある話 34

親のかかわり方が正しければ、子は変わる

「親が子どもによいかかわり方をすれば、子どもはよい方向に変わるはず」と考えていた時期がありました。

ところが……

そう簡単に子どもは変わらない

ほとんどの子どもは、助言されても、やりやすい環境を用意されても、**「変わらないときは、変わらない」**ものです。子育て本には「変わる」と書いてあるものもありますが、「子どもは、その子のペースでしか変わらない」ものです。

環境調整も声かけも間違いなく有効ではありますが、「子どもが歩く道を歩きやすくしてくれる」だけで、「子どもをすばやく前進させてくれる」わけではありません。親側が何か介入するとき、「子どもを変える」という効果は期待できませんし、すべきでもありません。

どれだけ金銭を費やしても、どれだけ時間をかけても、どれだけ愛情を込めても、子

どもの行動が正しく変わるかどうかはわかりません。関係ないのです。
親からのアプローチが間違いなく正解であっても、何年も変化がなかったり、場合によっては一生変化がなかったりすることもあるでしょう。

そんなときどうする？

環境を変えて困りにくくしてあげる

すぐに変化させられるのが**親の考え方**です。親も子も、多くの場合、お互いに変わらないままでも、困りにくくすることはできます。できることを無理に増やそうとせず、**今の**

同じ能力でも、「下駄」を履ければ高いところまで手が届く

素の状態で状況をよくするために、親の自分に何ができるだろうかと考えます。特に環境調整では、本人の行動が少しでも変わったときを観察していると、「根本的にどうしてもできない」のか、「やり方や道具の問題でできない」のかの情報が増え、**区別できる**ようになります。

その結果

なるべく「できないままでも困らない」ように試行錯誤していると、**できないことへの「解像度」が自然と上がります。**できないことがぼんやりとではなく、くっきり認識できると「次に何を試すのか？」という選択肢が広がります。追い詰められるような状況であっても、「次に何をしたらいいか？」が決まっていると、人間の気持ちはマイナスの方向への振れ幅が小さくなります。だからこそ、**「子への環境調整や声かけは、親のため」**と思っています。

よくある話 35

親が「わが子のために」自分のことを後回しにする

ところが……親のキャパシティーを超えて破綻する

　ほとんどの困りごとは、余裕がなくなった結果として起こるので、実際に子どもが問題行動を起こしたときに、親がどれだけ対応を頑張っても、子ども側の頭の中にはほとんど届きません。なので、**困りごとがある現状を変えたければ、日常から変えないといけません。**

　多くの親御さんは、わが子のために適切な行動をしようと「やることを増やしてしまう」ことがよくあります。しかし、ただでさえ現状でも限界で、その上、わが子の問題行動が起きているとき、親の負荷をさらに増やすことは危険です。

親が緊張している状態、イライラしている状態は、簡単に子どもに伝わり、悪い状態を「伝染」させてしまいます。どれだけ表面上の態度が適切であっても、子にとっては逆効果にすらなります。親側が適切な言葉遣い、態度だと思っていても、親が本当に落ち着いていない状態であれば子どもには通じません。

子ども側の環境調整は、たくさんの本ですすめられていますが、**親側にも環境調整は必要**です。かかわりの難しい子の子育てをしている親は特に意識して、コストを払ってでも、常にメンテナンスして「親が落ち着いている」状態にしておかないといけないものです。

「子どもは落ち着ける環境だけれど、親はイライラしてしまう」のであれば、それは適切な環境とはいえません。**子育てには「親子が落ち着ける環境」が必要**です。


そんなときどうする？

「やること」「やらなければならないこと」を限界まで減らす

「やること」「やらなければならないこと」を限界まで減らしましょう。子ども側だけでなく、親側もです。やらないと生活が成立しない部分以外は、外注したり、機械を導入してやらなくて済む状態にしたり、「世間では常識かもしれないが、わが家では必要ない（よそはよそ、うちはうち）」と、完全に開き直っても構いません。

親側がしないといけないことはどんどん積み上がっていくので、気付くと身動きがとれなくなっています。まずは**「今、親子で生きていくのに必要がない部分」はざっくり減らします。**

「今の部屋や仕事の状態は、自分にとって本当に快適か？」
「何があったら、何をしたらもっと快適になるか？」

と自問すると、できそうな項目が出てくるはずです。親が自分の心の声をきちんと聞く習慣をつければ、子も自分の気持ちを把握する「手本」を得られます。

その結果

子どもに問題行動があれば、まず**親の自分の余裕を把握**しましょう。余裕がなければ案も出ないし、試行錯誤する余裕もなくなるし、何より子どもへ言葉が伝わりにくくなります。だからこそ、親も自分を大事にしましょう。親が自分の環境調整に成功すれば、時間、体力、心の余裕を確保できます。そうすれば、**親の態度は自然とやわらかくなり、わが子も落ち着き、親子の余裕を確保**できます。

「やったほうがいい」レベルの「荷物」は捨てる

よくある話 36

わが子の「苦手」「嫌い」を減らしたい

ところが……

簡単ではない

子どもを育てていると、たくさんの「苦手」「嫌い」に出合います。親が「育てにくい」と感じるような子は、なおさらそれを訴えることが多いです。しかし、わが子の「苦手」「嫌い」を減らすのは簡単ではありません。

そんなときどうする？

「苦手」「嫌い」の「解像度」を上げる

「苦手」「嫌い」という感情はあっても構いません。親として子どもに提示したいのは、「あなたの好みは、あなたが今、言った内容よりも、多分もっと細かいものだよ」ということです。**わが子が感じている「苦手」「嫌い」に対する「解像度」を、本人に上げてもらう**ようにします。もちろん、**親も「解像度」を上げる**ようにします。

次はわが家の一例です。長男はかなりの偏食で、食べられるものが少なかったため、見かねた妻は、毎食必ず食べる「白米」に着目しました。

「長男は偏食で、その内容も気分で変わるから、おかずをうまく食べさせるのは難しそう。でも、白米だけは嫌がらずに毎回食べる。ということは、白米を玄米や雑穀米に変えれば、野菜の摂取量が少なくても、栄養バランスが改善するのでは？」

ところが、**玄米や雑穀米をそのまま出したら、かんしゃくを起こしてしまいました。**「いつもと米の色が違う」➡「白米ではない」➡「食べられない」と連想したようでした。そこで妻は以下のように分析しました。

「黄色い玄米や、赤みがかる雑穀米はおいしくないと言って食べないが、実際には口に入れてもいない。ということは、**本当の問題は味ではなく、見た目**かもしれない。玄米や雑穀米の色が白米に近ければ落ち着いて食べるのでは？　口に入れたときにおいしければ、食わず嫌いに気が付くかもしれない。だから、次は見た目が白米に近く、おいしく炊けた栄養価の高い食事にしよう」

この仮説を基に、家庭で使いやすい土鍋と玄米、精米の度合いを細かく選べる家庭用精米機をネットで探して購入しました。

初日はしっかりと精米した白米を土鍋で炊き、親がおいしさに喜ぶ様子を見せました。白米の色は当然普段と同じ白なので、長男は普段と鍋が違うことを少し警戒しつつも、口に入れたときのおいしさからパクパク食べていました。

2日目は「九分精米」に変更して土鍋で炊きました。わずかに黄色くなりますが、ほとんど白米です。長男は色の違いに気が付くことなく食べました。このようにして少しずつ玄米に近づけていった

「嫌い」をとことん観察する

ところ、六分精米にしたところで長男が嫌がりました。色が濃くなり、玄米の風味も少し感じられるようになったためでしょう。

その結果

妻はそれを見て、七分精米に戻し、**わが家では「七分精米を土鍋で炊く」ことが定着**しました。わが子が何かを苦手とするとき、

「似たことも苦手か？」

「共通した部分があることも苦手か？」

「わが子が気にしていない部分があるもので、代わりになるものはないか？」

ということを一緒に考えられると（落ち着いているときに）、**わが子の世界が広がる**でしょう。

よくある話 37

タスクを増やして現状を打開しようとする

ところが……

親が疲弊するだけになる

親と子の関係がいつも良好である家庭はわが家に限らず、まずないでしょう。親と子の関係が難しくなってしまう理由は、「**ずっと一緒にいる**」ことと、「**親側が強力な権力を持っている**」ことです。

親側が「学び」を消化する時間をとろうとしても、子どもによっては、次から次へと大変な問題や要求が出てきて、対応が間に合いません。ひとつひとつは親が耐えられるものであっても、時間を空けずに次々と出てきて蓄積していくと、大きな疲労につながります。そして、ひどく疲れていると、有効な対策を思いつくことが難しくなるため、事態が変わりません。

いまだに多くの公的機関や学校は、親の献身、特に母親の全力の献身を当たり前のように要求しがちです。また、それを要求している人たちの多くは「実際に対応が難しい子を育てたことがない」ので、要求したものに対して、実際に必要な能力・時間の見積もりが甘くなります。

また、親は「子どもがなぜできないのか？」（できない理由）の説明（プレゼン）や、「自分たちはその子に対して、どうしたらいいのか？」と、実際に学校側が実施可能な対応策の「ネタ出し」を要求されがちです。しかも、こちらが頑張って考えても「それは現実的ではない」と却下されるケースが多々あります。学校側と一緒に現実的な代案を考えることもできません。今できないならせめて「待機リスト」のようなものに入れてほしいのですが、それもできません。

しかし率直に言って、**親がわが子が困っていることを自覚し、その対応策を周囲に説明（プレゼン）できるレベルなら、親はそもそも困っていない**でしょう。

では、「現状をどう改善していくか？」どころか、親が「今、子どもが何に困っているか？」すらきちんと言語化できない状況で、どうすれば状況がよくなるのでしょうか？

そんなときどうする？

「何かを追加でやりたい、できる」状況にする

「現状がうまくいっていない」＝「現在、抱えていることが親子とも多すぎる」状態な

ので、まずは**時間と労力を確保**します。
困りごとを抱えている最中なので、

×　今の生活を理想に近づけるための努力をさらにする。

○　「何かを追加でやりたい、できる」状況にする。

のがポイントです。「何をやるか」は、後で考えればいいのです。大変な親御さんに対してできる最初のアドバイスは、

「休憩しましょう」
「楽をしましょう」
「そのために何ができるかを、まずは考えましょう」

子どもの「やる気」がゼロにならないように！

です。

その結果

子どもにとって、親が「自分ができないことに注目して、練習というタスクを課してくる相手」になってしまえば、良好な関係を保つのは難しくなります。一方、試行錯誤は普段の生活から、どうしてもしていかなければいけません。なので、親の理想的な役割は「タスクを課す」のではなく、**「子どもが自分からいろいろ試せるように場を整えること」**です（わが家もなかなか実践できていませんが）。

そして、何か気になったことを試すために必要な最低限の条件は**「そのための時間と体力が余っていること」**です。日常からＴｏＤｏリストがパンパンに埋まっていたら、親の視野は狭くなります。子どもの成長やおもしろい点にも気が付きにくくなります。**お互いがよさを発揮して尊重し合うには余力が必要**です。**問題を発見したら、問題以外の部分を整理することが大事**なのです。

よくある話 38

わが子にぴったりな環境調整を探し求める

ところが……

適切な環境調整は変化していく

子どもがやりたいこと、子どもができることは、成長にともなって変わっていきます。一方、親から求められること、社会から求められること、社会から求められることの深刻さも変わっていきます。内面だけでなく体格も成長しますから、わが子が不適切な行動をしたときに、親が力ずくで止められることも変わってきます（難易度が上がっていく）。**子どもが受け入れる環境調整は、年単位どころか、月単位、日単位で微調整が必要**になります。

そんなときどうする？

試行錯誤を恐れない

環境調整は最初から、**毎日でも試行錯誤できるレベルの試み**にしています。こだわり抜いた「自作グッズ」をつくったり、長い時間をかけたりすることは、自分がやりたいとき以外は基本的に避けています。

その代わり、毎日少しずつかかわりを変えています。うまくいっていそうな部分はそのままで構いませんが、**うまくいかない部分は、より本人に合いそうな方向に修正したり、自分が負荷に感じない程度に調整**したりします。ここは試行錯誤です。

まれに、スマホやスマートウォッチ、各種の便利アプリやガジェットが大きく生活を変え、これまでの問題がそもそも消えてしまうこともあります。

頑張れるときに全力で「息を切らす」ような支援、疲労困憊《こんぱい》してしまうような支援ではなく、**ごく普通の親が、今**

うまくいった介入でも、本人や周囲の状況に合わせて常に微調整する必要がある

日も明日も明後日もできそうな支援をします。

その結果

親側が「無理」と感じないように、少しずつしか変えないので、劇的な進歩はありませんが、「何で親がここまで頑張っているのに、子どもは応えてくれないのだろう」といらだつこともありません。

意外なのは、すぐには使わないけれど、親が強制せず、そのまま子どもの近くに置いておいたものを使うようになることがあることです。「画期的な解決」ではなく、**「日々の生活がちょっと楽になったかな？」くらいの積み重ね**を続けます。

よくある話 39

うまくいく子育て法を探して子育て本を読みまくる

ところが…… **愛情すら伝わらないので疲労困憊する**

発達が気になる子との共同生活を何とか成り立たせたくて、いろいろな子育て本を読みましたが、残念ながらわが家ではあまり役に立ちませんでした。「正論だけど、わが家ではできない」ことか、「根拠がない独自理論」のどちらかが書いてあることが多かったからです。

「親は子どもに愛情を持って伝えよう」という「大原則」ですら、**親側にたくさんの愛情があるのは間違いないのに、そもそも子ども側に伝わるようにするのが難しくて、四苦八苦**していました。

子育て本のほとんどに「愛情の話」は書いてあるのですが、「親の愛情を受け取るのがへたな子に伝える方法」をわかりやすく書いてある本は見当たりませんでした。

「親は子どもに愛情を持って伝えよう」——このことは自分でも大事だと思うし、本にもそう書いてある。なのにどうしたらよいかわからず、いつまでも解決しない……という状況が続き、疲労困憊していきました。

そんなときどうする？

愛情に頼らないビジネス本が役に立つ

一方、役に立つことが多かったのは**ビジネス本**でした。想定読者の望むことが、「一見無理に見えることに、どうやって具体的に挑戦するか？」「指示の理解も目標の共有も難しい他人同士が、どうやってチームとして行動するか？」など、**当事者やその周囲が**「**能**

少ないリソースで結果を最大化したり、再現性を重視したビジネス本のノウハウは役に立つ

力が低い」「連携がとれない」ことを前提とした上で、そういう人やチームが成功する確率を高くするための具体的な方法が書いてあったからです。

その結果

ビジネス本は役に立ったのですが、それでも「子育て」と「ビジネス」では違いがあります。それは以下の2点だと思えました。

❶「子育ては目標や状態があやふや、ビジネスははっきりしている」
❷「子育ては再現性を検証しにくく、ビジネスは検証しやすい」

ビジネスで「困っている」と言われた場合、チーム単位なら「大口の契約が取れない」とか「魅力的な新製品を開発できない」などが例として挙げられるでしょう。個人単位なら「花形チームに配属されたい」とか「上司の印象をよくして給料を上げたい」などが挙げられるでしょう。このような困りごとであれば、うまくいった人、成功した人にヒアリングすればわかりやすいし、どんな悩み、どの立場であっても、ある程度共通する部分があります。同じ手法は業界を超えても通用しやすいでしょう。

しかし、子育てで「困っている」という場合は、そもそも誰がうまくいった人、成功した人なのかがよくわかりません。高学歴な子や高収入な子を育てた人が成功した人？　大家族を育てた人が成功した人？　本人が幸せを感じているなら、その親は成功した人？　よくわかりません。生まれ持った能力の影響が大きい上、困りごとの内容も個人差が大きすぎて、**それぞれの困りごとを解決するときに役立つ共通部分があまりありません。**

再現性についても、複数の子どもに同じ手法を適用してうまくいくかどうかを検証した人はいません。子どもの個人差は、同じ親から生まれても大きいのです。わが家がそうです。似たような診断名の区分に収まる子たちを3人育てていますが、それぞれ**能力も、生活の上での困りごとも大きく異なります。**うまくいった介入も異なります。共通している部分は抽象的で、かなり具体的ではなくなります。

よくある話 40

かんしゃくやパニックにうまく対応したい

ところが……

介入ポイントを過ぎると止まらない

「親の介入タイミングはどんなときか？」という考え方は、長く子育てをするうちに変化しました。かんしゃくやパニックが起きてしまうと、本人の頭の中は基本的に嵐のような状態であり、声をかけても「本人は聞いていない」「本人の脳内には届かない」ので、**介入すべきポイントはすでに過ぎています。**

親から見たかんしゃくやパニックの少し前段階で介入しようと思っても、実際には本人の中で勢いがすでについているので、なかなか止まりません。

そんなときどうする？

子どもの感情がおかしな方向に動く刺激を避けて生活する

なので、**子ども側が完全に落ち着いている状態でないと介入は有効ではない**と気が付きました。かんしゃくやパニックの「はるか前」か、「はるか後」しか選択肢がありません。

しかし、パニックの後はどうしても消耗しているので、実際には**「はるか前」**しか選べません。

突き詰めれば、**子どもの感情が動く前に、おかしな方向に動く刺激を避けられるような生活を組み立てないといけ**ない、ということです。

感情という「川」に介入したいなら、水流や勢いの少ない「上流」がベター

その結果

かんしゃくやパニックになるような状況に子どもを置かないためにはどうすればいいか、生活をどう組み立てたらいいか、と考えるようになりました。

「刺激Aがかんしゃくの原因のようだ」とわかっても、刺激Aが入ってしまった時点で、本人の中ではすでにパニックが起きているということもありえます。

「では、刺激Aの前の刺激Bではどうか」といった具合に**上流にさかのぼり、親の介入が有効な段階を探ります。**

まず「どの段階なら意思の疎通ができるか？」を見つけてから声かけを試したり、何をどう感じているか子どもに質問したりします。

よくある話 41

長女でうまくいけば、長男、次男でもうまくいく

ところが…… **それぞれ個性があり、同じではない**

診断としては似ている3人ですが、**それぞれ個性も、性格も、もののとらえ方も、現れる困りごとも、まったく違います。**

長女は言語習得が早熟で、困りごとの大部分は「気に入らない予定だと動かない」「予定に合わせた準備ができない」でした。彼女は集団行動だと問題を起こしてしまうものの、家庭では特に困らない子でした。苦手なことは親がカバーしたり、本人の気に入る範囲で過ごしたりすれば、大きな問題はありませんでした。

2番目の長男は、困りごとの大部分が「かんしゃく、パニック」でした。赤ちゃんのころから体が大きく、大きな声だったので、その点では大変でした。その代わり運動が大好きで、しっかり体力を消費すると落ち着いていたため、毎日「何の運動をしようか」と親は考えていました。

3番目の次男は、またタイプが異なりました。ニコニコして機嫌がいい赤ちゃんで、声かけにも反応するのに、発語や語彙が極端に少なかったのです。聴力などに問題があるのではないかと思い、小児科や耳鼻科を何度か受診するほどでした。長女と同じく家庭では上機嫌に過ごせていたのですが、長女、長男とは異なり、集団が極端に苦手なので、幼稚園のときから不登園を経験することになりました。

そんなときどうする？

それぞれに適した対応をする

長女が一番最初に診断されましたが、**「とれる選択肢が増えた！」**というのが率

長男と次男を「小さい長女」として扱わない

直な感想でした。

2番目の長男は「かんしゃく、パニック」のきっかけが少しずつわかってきたので、きっかけを生活の中から取り除いたり、調子がよいときに少しずつ経験させて慣れたりすることで、徐々に困らないようになりました。

3番目の次男も、本人が好きな趣味や嗜好《しこう》が見つかってきて、家庭での学び方も少しずつ模索できています。

その結果

3人とも、学校での集団行動時、特に幼稚園から小学校低学年のときは、「結構変な子、大変な子」だったかもしれません。しかし今思えば、単に本人たちに向かない環境だっただけであり、**本人たちに向かない方式を強制されていたからこそ起こっていた問題行動が大半**でした。自宅での試行錯誤の結果、適切なかかわり方が見つかれば、問題行動はない子たちでした。なので、「定型に近づく」とか「普通になる」ことが目標ではなく、常に**「本人が楽になる」**が目標でした。楽になった結果、「普通」に近づくのかもしれません。

よくある話 42

わが家は目標を立てているので問題ない

ところが……

いつの間にか目標が変わってしまうことがある

いろいろな親御さんのお話をうかがったり、わが子と話をしたりしているときに感じるのですが、そもそも**「目指している場所が間違っているのでは？」**と思うことがよくあります。目標が間違っていれば、努力しても本当の目標には近づきにくくなり、努力に対する結果もかんばしくないでしょう。コストパフォーマンスも悪くなります。また、意識して目標を見据えていないと、最初は合っていたのに、周囲との比較や勝手な思い込み、重要ではない常識にとらわれて、**いつの間にか目標が変わってしまう**ことがあります。

そんなときどうする？

コアとなる目標をきちんと認識する

大切なのは**「コアとなる目標をきちんと認識する」**ことです。例えば「偏食で困っている」のであれば、**コアとなる目標は「必要な分の栄養をバランスよく摂取する」**であって、

「出された料理を完食する」とか「何でも食べられるようになる」ではないはずです。

「必要な分の栄養をバランスよく摂取する」ことができれば、サプリや完全栄養食に頼ってもいいし、味や食感が安定している冷凍食品に頼ってもいいし、メニューが毎日固定、毎食固定でもいいのです。

親と同じものが食べられなくてもいいし、食べられる品目が増えなくてもいいのです。どれも、「できたほうがいいこと」ではありますが、**「できなければならないこと」ではない**からです。

「目的地」は目立つように記載して、年に数回確かめる

また、「授業に集中できなくて困っている」のであれば、**コアとなる目標は「その子がどうやったら学べるかを見つける」**ことです。授業中ずっと座っていることが重要なわけではないですし、教科書が読める必要もないし、そもそも学校に通う必要もないのです。

これらも「できたほうがいいこと」ですが、**「できなくても目標は達成できること」**です。

まず**意識したいのは、「本人の人生の障壁になることを排除すること」＋「できなければならないことができるようになること」**です。しっかり分析して目標を設定しましょう。

その結果

その後、追加で「できたほうがいいこと」「親としてできてほしいこと」がたくさん出てくると思いますが、それらはあくまで「本人の人生の障壁になることを排除すること」＋「できなければならないことができるようになること」の次にくる、「できたほうがいいこと」どまりであることを意識しましょう。

よくある話 43

子どもに意図を理解してもらい、行動を改めてもらう

ところが……

意図を理解できないことが多々ある

親が子どもを指導するときは「子どもに意図を理解してもらい、行動を改めてもらう」ことを求めがちです。しかし、子どもには知識も経験も不足していますから、**意図を理解できないことが多々あります。**

そんなときどうする？

望ましい行動を無意識にできるようになってもらう

例えば「ドアの開け方」を教えるときに、ドアノブの構造から説明することはほとんどないでしょう。ドアノブの構造を知らなくても、ドアを開けられるからです。大事なのは操作方法を教えることです。「できる、できない」や「よい、悪い」の判断をする前に、**子どもが望ましい行動を無意識にできるようになってもらうにはどうしたらいいか**を考えます。ドアノブは悲しんでいたり、怒っていたりしても開けられるからです。

親側の行動も同じです。絶対に許容できない子どもの行動や、周囲の状況によっては許容できないような子どもの行動があったとき、**その対応を事前に決めておきます。**そうすると、**迷いがないので、淡々と対応しやすくなります。**

その結果、無駄に感情的にならず伝達できるため、**こちらの意図が子どもに伝わりやすくなります。**

例えば、長男は幼児期、かんしゃくを起こしやすかったのですが、実際にかんしゃくを起こしたら「かんしゃくを収めようとその場の状況に応じて対応するのではなく、かん

「自然に」「楽に」動いたら正しい行動になるように設計する

しゃくをしても周囲に迷惑のかからない一番近くの公園に父が担いで連れて行き、落ち着いたら戻る」と決めておきました。

その結果

最初、長男は父に公園に連れて行かれることを「何かの罰」と認識して嫌がっていました。しかし、父は公園で何も責めず、落ち着いたら本人の希望する遊びを少しして帰るということを繰り返すうち、数年後、**「少なくともこれは罰ではない」ぐらいの認識**は長男に伝わっていました。

よくある話 44

子どもによって「できることの基準」が違う

ところが……

個人差だけでなく「日によって」「見た印象によって」も変わる

発達が気になる子は、親からは簡単に見えることができないことがあります。一応こなせるけれど、異様に疲れてしまうこともあります。このように「できることの基準が人によって違う」ことは広く知られてきました。

ですが、実際に育てていて大変だったのは、**「日によっての変動が、ものすごく大きい」**ことでした。

長女は高学年になってから、普段は得意のはずの算数で「足し算すらできない日」がありました。長男は普段、問題なく学校に通っていますが、座ってプリントに取り組めない日がありました。このような事態を経験すると、普段は問題なくできていることばかりなので、親は大混乱します。「何か病気なのか？」とすら思いました。

何回か経験してからわかったのですが、単純に日々の体調の好不調だけでなく、長女の場合は頭の中でいろいろ考えすぎてしまい、どれくらい脳の容量を割くかをコントロールできていませんでした。

長男の場合は、パッと見で想像したときの作業量が、割と低めな本人の許容範囲を超えてしまうとパニックを起こしているようでした。

そんなときどうする？

「できない理由」を見つけて回避する

そんなときは**「できない理由」を見つけて回避、対策**しました。長女は脳内の

邪魔な「岩」はどかし、「穴」は埋める

波が過ぎ去るのを待ちました。長男はプリントの字が小さかったり、1枚あたりの問題が多いとパニックを起こすことがわかったので、親が拡大コピーしたり、ハサミで切って小分けにしてみました。

その結果

長女は「脳内がうるさい日」には複雑なことができないし、どの日にそうなるかも予想しにくく、「脳内を静かにする方法」もまだわかりません。ですから、そんな日は「**早く寝る**（急ぎのタスクは翌朝にやる）」が解決策です。

長男は**プリントを拡大コピーしたり、小分けにしたりしたところ改善**しました。ただ、拡大コピーしても、切って分けても、全体の量は変わりません。本人もそれはわかっています。それでも、紙1枚の情報量が多ければパニックになってしまうのです。親側の感覚としては不思議です。

よくある話 45

外出すると疲れるので、いつも自宅にいる

ところが……

いつも自宅にいると気がめいってくる

ある程度は、家族が健康に過ごせているものの、大変なことが重なったときなど、「ここから先、どんどん気持ちが沈んでいきそう……」という予兆を感じることがあります。こんなとき、**いつも自宅にいると気がめいってしまいます。**

そんなときどうする？

わが子が落ち着いて過ごせて、親も落ち込まない場所を探す

必要なのは「**場所を変える**」ことでした。妻がやっていて、うまい手だなと感心しました。わが家の場合、子ども自身が親の助けなしで体を動かして遊べる遊具があったほうがよかったため、最終的には、近くにあるショッピングモールの小さな屋外遊び場に通っていました。

その遊び場は、近隣の住宅や駐車場から離れていたので、近所の人はわが家以外はほとんど来る人がおらず、**気持ちが追い詰められそうな日は、早めの夕食後にショッピングモールまで行き、妻には家で私の帰りを待ってもらうという生活**をしていました。

子どもたちは遊具で遊べるし、途中でお腹が空けばショッピングモールで惣菜を買ったり、妻がつくったお気に入りの具が入ったおにぎりを食べたりして（節約のために持参）、2回目の夕食を食べられるので、抵抗なくついてきてくれました（歯磨

人が少なく、自由に遊べて、子どもの変な行動が目立たない場所をリストアップして、ローテーション

きや入浴が遅くなると、それはそれで大変なのですが……）。

子どもたちがそれぞれで遊んでいるのをぼーっと見ていると、**少しずつ気分も回復**しましたし、それでも足りなければ、ショッピングモールで**自分へのご褒美《ほうび》**を買ったりしていました。

「ここだったら、わが子が落ち着いて過ごせて、親も落ち込まない場所」を探しておき、親子どちらかが落ち込む気配があったときは、**「駆け込み寺」**のように使うのをおすすめします。

その結果

普段から、「どこで過ごしたら気持ちがよさそうか？」「テンションが上がりそうか？」をチェックするようになりました。

また、辛くなったら休める場所が決まっていると、親側も自分のメンタルの状態を気にする習慣がつきます。

メンタルや体力が大きく落ち込んでからケアするより、**「ちょっと疲れた」ぐらいでケアしたほうが、日々の生活がスムーズ**になります。

よくある話 46

心配なので子どもから目を離したくない……

ところが……

近すぎるとトラブルが起きやすい

人間関係のトラブルの理由の一つは「距離」でしょう。どんなにお互いに愛情があっても、近すぎるとトラブルが起きやすいものです。相手の嫌なところや、相手が譲ってくれず、自分が我慢することを心の中で処理できず、時間が経過するほど積もり積もってしまうからです。**親子関係は距離が取りにくい関係**です。親側はどうしても心配で目を離したくないし、子ども側も親の近くが落ち着くからです。

そんなときどうする？

親と子が近くにいつつ、互いに別のことに集中できる環境を構築

そこで、**親と子が近くにいつつ、お互いに別のことに集中できる環境**を構築できないか試しました。親も子も趣味などがあれば、「それらをそれぞれ熱中して同じ部屋で楽しむ

にはどうしたらいいか?」を模索しました。
親にも子にも明確な趣味がなければ、ネットテレビやYouTubeなどで、親子の両方が楽しめそうな長めの動画を探しておくといいでしょう。トレーニング中のチートデイのように、お菓子やジュースの飲食制限を緩める日をつくっても、親子で楽しめます。

その結果

特に**親側のメリットが大きい**対策です。「注意力の大半をわが子に向けている」状態から、「好きなことをしている自分の近くに子どもがいる」程度の注意力で過ごせる状態になると、**親と子の心の距離をある程度、確保しやすくなります。**

父は論文を書く。子どもは絵を描いたり、クッキーづくりをする

よくある話 47

細かく計画を立てながら、子どもに介入する

ところが……

「遊びのない計画」は破綻の元

普段やっていることを、普段通りの質と量でこなすとしても、「分刻みで、しかもそれをきっちり守りながら生活しろ」と言われたら、大半の人は嫌でしょう。しかし、なぜか「未来の自分」を軽んじて予定を立て、「遊びのない計画」をつくってしまう人は多いです。

そんなときどうする？

「ルール」として「失敗」や「サボり」「怠け」を入れる

計画段階から「ルール」として「失敗」や「サボり」「怠け」を入れてしまいましょう。

これまで書いてきたように、親が考えるのはあくまで「自分が何をするか？」の予定であって、「子どもが何かをできるようになるまでの行程表」ではありません。

その結果

●**サボったとき**

⬇「計画通り」なので、余裕を持って過ごせる。

●**子どもが予想よりできるようになっていないとき**

⬇子どもや親が悪いのではなく、計画の方法や時期に問題があったと考え、もう一度「できること」と「目標」を見つめ直す。

●**実際に始めてみたら、予想より簡単でサボらず進めたとき**

⬇「自分はすばらしい」とたくさんほめると、どう転んでも楽しめます。

あらかじめ想定外を予想して、調整できる計画にする

第5章

こうすれば親も子も毎日が楽になる！

よくある話 48

親の好みでわが子の洋服を買ってくる

ところが……

服を着せると泣き出す

衣服については特に長男が大変でした。どの服も合わず、**赤ちゃんのころはほとんど裸**で過ごしていました。服を着せると泣き出すからです。アトピー性皮膚炎のせいで、乳児から幼児期にかけては皮膚が荒れ気味だったため、**服の裏地も厳選**する必要がありました。「この裏地はＯＫ」「この裏地はＮＧ」といったことは、「着たがらない」という行動でしか教えてくれず、日によって結構、態度も変わるので頭を抱えました。

気に入った感覚のものを繰り返し着るので、感触が柔らかくなり、余計気に入って、それだけを着るようになります。サイズアウトしたときのためにワンサイズ～ツーサイズ大きいものを買っておいても、**布がこなれていない新品だと着ない**、という事態が何度も起きました。

衣服は事前に何度か洗濯することで少しは柔らかくできましたが、靴は困難でした。機嫌のいい日に2足目、3足目を均等に履かせて、より長く使えるように調整したのですが、どうしても個体差があるらしく、嫌がることがほとんどで、うまくいきませんでした。

そんなときどうする？ 子どもそれぞれの好みを把握する

妻が**子どもそれぞれの好み（肌ざわり、形状、好きなロゴやプリント）を把握**しました。素材が同じであっても、洋服のメーカーや製品ごとに裏地の感触が異なり、ネットではそれがわからないので、すでに気に入っている製品しか選べません。ですから、買い物のたびに衣類コーナーに通う日々が続きました。

その結果

気持ちよく着られる服をひたすら探した結果、**大外しが減りました。**また、成長にともない、3人とも許容範囲が少しずつ広がったので、自然に大変さは減りました。意外にも、本人たちが好きな祖父母やご近所さんからもらった服は、本人たちの好みに合っていなくても定期的に着たがりました。これは、普段着ていない服を経験するよいきっかけでした。

子どもそれぞれの洋服の好みを把握する。成長すると許容範囲が広がる

よくある話 49

子どもには栄養&愛情たっぷりの手料理を毎日与える

ところが……

苦労してつくっても子どもが手を付けない

「子どもには手料理を食べさせたい」と考える親御さんは多いようです。もちろん、余裕を持って料理ができ、子どもも食べてくれるなら、それに越したことはないでしょう。しかし、手づくりする時間も体力もなく、なんとか頑張ってつくっても子どもが手を付けない、という悲しい事態が起こる可能性は避けられません。

そんなときどうする?

栄養のバランスは数週間単位でとれていればいい

私が医師として栄養について意識しているのは**「栄養のバランスは数週間単位でとれていればいい」**ということです。1食の栄養バランス、1日の食事の栄養バランスが多少偏っていても、不足している栄養を他のタイミングで補えるのであれば問題ありません。

手づくりであることにもこだわっていません。むしろ、お店の惣菜や冷凍食品、外食は味が安定しており、含まれている食材の大きさなども多くは均一化されています。

食べられるものが限られやすい子どもとうまく接していく上で重要なのは、**本人の食の好みに合わせてお店の惣菜や冷凍食品、外食などを利用していくこと**です。

妻が料理したくない日は、食事を調達するためスーパーに行きます。子ども3人を**惣菜コーナー**に連れて行き、食べたいものを選ばせます。しんどい日は細かい栄養バランスなどは考えません。買ったら持ち帰って好きなように食べ、容器は捨てます。洗い物ゼロです。

偏食な子ども3人が唯一、共通して食べられるのがうどんです。好きなトッピ

単発の偏食であれば気にしない

ングを頼めるので、徒歩1分で行ける行きつけのうどん屋さんに行きます。洗い物ゼロです。**出前**もありがたいものです。出前してくれる昔ながらの定食屋さんがあるので大助かりです。

出かける気力、電話する気力もない日は**冷凍食品**の出番です。わが家で重宝しているのは、「リンガーハットの野菜たっぷりちゃんぽん」です。お店と同じものが鍋一つで食べられます。野菜が240gと一日の必要量の3分の2がとれるので、手抜きの罪悪感ゼロです。

その結果

お気に入りのお店の惣菜や冷凍食品は、「慣れていないメニュー」が怖いわが子でも食べてくれます。大変ありがたい商品なので、**新しい料理に挑戦するため、意識して定期的に利用**しています。

偏食による栄養の偏りに注意が必要ですが、ちまたでちらほら見かける「食事の内容で子どもの発達が……」とか「添加物で自閉症が……」は全部、嘘です。

よくある話 50

外に連れて行ってたっぷり疲れさせる

ところが……

外遊びに誘ってもあまり乗ってこない

問題行動を減らす上でわが子全員に効果的だったのが、「運動して、気持ちよく疲れる」ことでした。これができた日は指示が伝わりやすく、問題行動もほとんど出ません。目は垂れ目になります。ただ、長男は運動が大好きなので問題ないのですが、長女と次男はそれほど体を動かすことが好きではなく、**外遊びに誘ってもあまり乗ってこないのが問題**でした。

そんなときどうする？

家で体を動かせる空間を用意する

この問題を妻と話し合ってたどりついた結論は、「**外に行くのを嫌がるのであれば、家で体を動かせる空間を用意すればいい**」というものでした。長女が嫌うのは、自分の思い通りに体をうまく動かせないことのようでしたので、難しい動きが必要ない遊びであることも重視しました。

その結果

そこで、**風船バレー用の風船、バランスボール、トランポリン、屋内用のうんてい、エアロバイク機能付きの椅子**などをリビングに置きました。これでいつでも軽く体を動かせます。どれも親の目が届き、片付けが簡単で、運動しやすいものです。**特に効果が高かったのは屋内用のうんてい**でした。リビングの中心に設置しておくと、通過するときに数十秒ぶら下がったり、テレビを見ながらぶら下がったりしており、楽しそうです。運動が好きではない長女と次男がどれくらい使ってくれるのか不安でしたが、杞憂《きゆう》でした。

わが子3人は、それぞれ片付けが苦手であり、お互いが近くにいるとトラブルになりがちです。3人それぞれがゆったり過ごせるスペースを確保できる広い家を選んでおいたのも正解でした。

バランスボール、トランポリン、うんていが大活躍！

よくある話 51

早寝を心がける

ところが……

なかなか寝てくれない

なかなか寝てくれず、困りました。「読み聞かせ」が好きだったのでスムーズに布団にまでは行くものの、そこから**実際に眠るまでに2～3時間はかかりました。**

そんなときどうする？

「あとは寝るだけ」の状態をつくる

親は開き直り、夕方の早い時間に歯磨きまで済ませ、**「あとは寝るだけ」**の状態をつくりました。18時には雨戸を閉め、カーテンもすべて閉めて、「夜」であることを体感できるようにアピールしました。

19時にはテレビや音楽なども消し、自作のアロマオイルでマッサージし、布団の上で本を読む時間にしました。子どもたちはマッサージが大好きで、1人ずつ布団に転がり、妻にタッチされます。そうしながら**視覚、聴覚、触覚の刺激を減らし、リラックスできる時**

間にしました（妻が超短時間のパートか専業主婦のときです）。

その結果

リラックスモードでダラダラと布団の上で過ごすうち、**日によっては早く寝る**こともありました。

親は、早く寝たときにやっていたことをメモしておき、**早く眠れる条件を探り、試行錯誤**していました。

子どもの「眠気シーソー」を必死で傾ける！

よくある話 52

早起きを心がける

ところが……

起きられない

体内リズムの調整力が弱いのか、子どもたちは割と朝が弱く、好きにさせてしまうと遅くまで寝てしまいました。朝、起きるのが遅いと、必然的に寝る時間が遅くなり、さらに朝起きられなくなる……という悪循環でした。

そんなときどうする？

親が忘れずに起こす。早朝の散歩も○

まずは何より、**毎朝6時に親が起こしました**。決まった時間に起こすことだけは本当に頑張りました。しかし、起こすだけだと二度寝したり、頭が働き出すまで時間がかかったりするようでした。なので、子どもの機嫌と天気が許す日は、なるべく**早朝に散歩**していました。

その結果

どんなに遅く寝ても「必ず6時に一度は起こす」ことを10年以上続けてきた結果、**朝は起きるというリズムが身に付きました。**

いろいろ試しましたが、どんなに寝るのが遅くても、**朝は必ず起こすことがポイント**です。

起きるまで根気よく揺らす

よくある話 53

自分で必ず歯磨きさせる

ところが…… **まだ親が仕上げ磨きをしている……**

長女は現在中3ですが、まだ親が仕上げ磨きをしています。そろそろ一人でやってほしいところです。観察して原因を追求し、手だてを考えました。

○歯磨きに興味がない、他にやりたいことがある

対策 注意を向ける

具体例
・声をかける
・アラームを鳴らす

○納得していないから行動に移せない

対策 理屈で納得させる

具体例

・歯科医師や歯科衛生士（第三者である他人）に説明してもらう

○手順がわからない

対策 視覚化する

具体例

・手鏡を見ながら磨く

・染色液で歯垢を染めて、汚れをピンク色で視覚化する

○歯磨きの道具がしっくりきていない

対策 使いやすい歯磨きグッズにする

具体例

・電動歯ブラシ

・ジェット歯ブラシ（電動で水が出てくる）

譲らない姿勢を淡々と見せ続ける

・力を入れすぎるとカチッと音が鳴る歯ブラシにする
・好みの歯磨きを試す
香り……ミント系、フルーツ系
形状……ペースト系、ジェル系

○最終手段

具体例 力技
・自分で磨いてもらうのはあきらめ、親が歯ブラシを持って追いかける。走って逃げるわけではないが、「あとでね～」と言って部屋に行ってしまうから
・あえてしばらく放置し、虫歯になったら、その痛さや歯科通院の面倒さ、治療の辛さを体感してもらう

しかし、ここまでお膳立てしても歯を磨きませんでした。彼女の中でどんなに自分にデメリットや苦痛があったとしても、「やりたくない、興味がないから体が動かない」のです。**どんなに言葉を尽くしても、伝わらないことがある**のです。

そんなときどうする？

親ができる対策❶ 絶対に譲らないという姿勢を見せ続ける

毎晩「歯磨き〜！」「歯磨きしよ〜！」と声をかけ、歯ブラシを握りしめ、長女に頼みました。骨が折れる作業です。「もう、今日はいいか……」とあきらめそうになります。ですが、ここで根負けしてしまえば、「お母さんは無視し続けたらあきらめるから、無視、無視」と間違った学習をしてしまいます。

なので、**「何時になっても、夜寝る前は絶対に歯磨きをする」**ことを貫きました。深夜0時に歯磨きをしていないことに気が付き、寝ている長女の口を開けて歯を磨いたこともあります。**親はどんなに忙しくても、疲れていても、40℃の熱があっても、長女の歯磨きを絶対にやります。**とても辛いです。

親ができる対策❷ 親がやってしまう

永久歯は一生使う大事なものです。本人が磨かないのであれば、親が代わりに磨きます。もう、**親が歯磨きをしてしまう**のです。「こんなに甘やかしていいのか……」と悩みました。

ですが、**目標は「長女の歯を守ること。虫歯にならないようにすること」なので、これもひとつの正解**なのです。

その結果

それでもやらない日があるので、「歯科医院の近くに住んで、週1でクリーニングする」ことを本気で検討しました。長女は歯科矯正しているので、器具の隙間をきれいに磨きにくいのです。月1でクリーニングに通っていましたが、本人が面倒くさがるので、「そんなに自分で磨くのも、お母さんに磨いてもらうのも嫌なら、**いっそのこと歯科医院の近くに引っ越して、週1でも毎日でも磨いてもらう？**」と提案しました。そうしたら、さすがに「え……？」と驚き、「いや、自分で歯磨きをするよー」と言ったのです。そして前よりは歯磨きするようになったので、「歯磨きは譲らない」という**親の本気が少し伝わった**のかもしれません。15年経って、やっとここまできました。

よくある話 54

処方された薬を確実に飲む

ところが……

いろいろ試したができない……

薬を飲むのも歯磨きと同じで、長女にとっては「やりたくないこと」の一つです。私も薬を処方する側なので、「**内服カレンダーを使う**」「**一包化して日付を付け、いつ、どれを飲むかわかりやすくする**」「**スマホのリマインダー、時計のアラームなどで内服時間に合図を出す**」というようなアドバイスをしました。その他に考えた手だては以下です。

○興味がない、他にやりたいことがある

対策 注意を向ける

具体例

・カレンダーの位置を長女の視野に入りやすい位置に変更する

○納得していないから行動に移せない

対策 理屈で納得させる

具体例

・主治医や薬剤師に説明してもらう

・漫画や絵本を使って説明する

○道具がしっくりきていない

対策 しっくりくるようにする

具体例

・シートから薬を出すのが面倒くさく、これが原因で適当に飲むように見えたので、親が粒で渡すなど、飲む手順をいろいろ試す

実際のところ、**どれを試しても大変**でした。本人は本当に興味がないので、何か変えても見ていないし、考えもしません。本人が管理しやすくし

仕組みをつくってしまえば子どもも忘れにくくなる

ても「どこ吹く風」という状態でした。なので、親が少しでも介入を緩めるとサボり続けました。**声かけをしても、カレンダーまで2m歩くうちに何かを思いつき、内服を忘れ、ふらふらと離れていってしまう状態**でした。本当に苦労しました。

そんなときどうする？

本人が自分ですぐ気が付く仕組みをつくる

最終的に行き着いたのは、リビングの時計にプラスチックの棚を装着し、**「次に飲む薬を、色で朝・夕の区別がつくケースに入れて置いておく」**という方法です。

その結果

リビングの時計は、リビングの机のすぐ脇にあるので、**脳内で別のことを考える前に本人が手にします**。色で朝・夕の区別がつくケースに入れてあるので、**飲み忘れても親がすぐに気が付けます**。この状態でしばらく試し、落ち着いたら徐々に本人が管理するようにしていきます。

しかし、すぐに内服忘れが増えるので、リビングの時計で親が管理する状態に戻す……ということを繰り返しています。

よくある話 55

ものを無くさないように気を付ける❶

ところが……　鉛筆や消しゴムなどを無くす

「無くさないように頑張る、気を付ける」という**根性論は無理**です。鉛筆や消しゴムなど、動かせばどこかに置いてきてしまうからです。

そんなときどうする？　最も簡単なのは「物量作戦」

鉛筆や消しゴムなど、小さくて、単価が安くて、いろいろな場所で使うものを無くしてしまうのであれば、一番簡単な対策は「**各所にたくさん準備しておく**」ことです。

無くしたことによる精神的なダメージや、探したり、買い直したりすることに費やす時間的コストのほうが、実際の金銭的ダメージよりも大きくなります。なので、**無くさない対策よりも、無くしてもよい対策を重視**します。無くしてもよい対策で最も簡単なのが「**物量作戦**」です。

その結果

子どもたちは**「無くしてもここに予備がある」という安心感を持って生活できる**ようになりました。

無くしたくて無くしているわけではなく、無くしたことに慣れるわけでもなく、無くせば毎回落ち込みます。

だからこそ**「無くしても大丈夫」から始めたほうがいい**のです。

大量の鉛筆、消しゴムを用意する

よくある話 56

ものを無くさないように気を付ける❷

ところが…… **スタイラスペンを頻繁に無くす**

子どもたちは、タブレットのスタイラスペンを頻繁に無くします。磁力で本体ケースにスタイラスペンをくっつけるもの、スタイラスペンを別に収納するものなどを試しましたが、すべてダメでした。子どもたちの意識はタブレット本体にあるので、**意識からスタイラスペンが消えてしまうことが多く、雑に扱ってしまう**のです。

そんなときどうする? **本人が大好きなものを見つける**

本人と相性がよいもの、本人が好きなものを見つけるのが重要です。試行錯誤した結果、最終的な正解は、スタイラスペンを「脇にはめ込む」タイプの本体ケースを使うことでした。タブレット使用中に自然と目に入るケースであり、スタイラスペンの有無が一目でわかる、はめ込みタイプの本体ケースです。

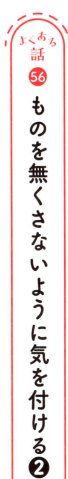

他にも、**本人が好きで「見るたびにテンションが上がる」ものも相性がいい**です。

その結果

成長してきて、文房具に好みが出始めると、**好きな文房具は他のものよりはるかに無くしにくい**ことに気が付きました。視界に入るたびによい印象を受けて、意識されるからでしょう。

「好きなもの」という「鎧」を身につけさせよう

よくある話 57

問題集をそのままで解く

ところが…… **1ページあたりの情報量が多いと解けない**

長男も次男も、1ページあたりの情報量が多いと一気に疲れてしまいます。例えば、1ページにたくさんの問題が載っている宿題になると解けなくなります。正確に言えば、「実際に問題が解けない」のではなく**「解こうとする気持ちがゼロになって、問題を読めなくなる」**という感じです。

そんなときどうする？ **本人が解きやすいように加工する**

ページを拡大コピーして、1問ずつに分けて渡せばスラスラ解けました。似たような問題なのに、解けないときと、スラスラ解けるときの差が極端だったので、**その原因を探るために観察し、試行錯誤**した結果です。

文字が小さすぎて読みにくいようだったので、**コピー機（大活躍しています）で拡大コ**

ピーしました。また、集中力の問題かもしれないと思い、**一番機嫌よく取り組める問題数**を探りました。さらに、紙いっぱいに計算していたので、**白紙の計算用紙を別に用意**しました。

その結果

問題が載っているページを拡大コピーして、1枚に1問ずつ分けて渡したところスラスラ解けます。**「見た目の作業量が多い」と嫌になって取り組めなかった**のです。なので、A6サイズの小さなノートにコピーした課題を貼り付けて、見た目の作業量を減らしました。

子どものタイプによっては、タブレットなどのカメラで撮影したものをノートアプリにコピーすることで代用できるかもしれません。

この対策は、単純に「問題が解ける」以上の価値がありました。子どもたちが**「やり方を変えればできることが増える」≒「自分たちにも合う方法がある」ことを意識するようになった**からです。

工夫ひとつで「できないこと」が「できること」になるケースもある

よくある話 58

子どもは毎日お風呂に入らなければならない

ところが……

気力も体力も足りない……

「お風呂に入る」という行為は、大人一人でも結構な気力と体力が必要です。特に「お風呂になんか入りたくなーい」などと言う子どもたちがいると、説得してお風呂場に連れて行き、洋服を脱がせ、洗い、拭いて、保湿して、パジャマを着せなければならないのです。**子どもをお風呂に入れるには、かなりの気力と体力が必要**です。

そんなときどうする？

「1日ぐらいお風呂に入らなくてもいい」と開き直る

「今日はとても頑張れないな」というときは、**無理にお風呂に入らず、その日の入浴はスキップ**します。子どもが外遊びで汚れていて、どうしてもお風呂に入れないといけないときは、入浴剤や氷などを使って、お風呂まで釣ります。視覚（色のついた入浴剤）と触覚（氷）で**「楽しいお風呂」を演出**します。

なお、2～3歳のころからプライベートゾーンは自分で洗わせているので、親がアシストしなければならないのは、髪の毛にシャンプーが残っていないか確認するくらいです。子どもが小さいときに手放してよかったと思う親業の一つです。

その結果

子どもと一緒に入るお風呂でリラックスするのは難しいものです。「1日ぐらいお風呂に入らなくてもいい」と開き直れると、必要以上に入浴で心身がすり減ることは少なくなりました。

昨日か一昨日入っていれば、お風呂はスキップ OK ！

インプット!
生きもの柄
ハーフパンツのみ!
シャカ
シャカ
シャカ

第6章

友達や先生と楽に
つきあえるようになる！

よくある話 59

障害のある子どものやることは大目に見てもらえる

ところが…… 定型の子よりも責められやすい

親子で子ども向けのイベントに参加したりすると気が付くことがあります。それは「定型の子でも発達が気になる子でも、どちらにも困りごとはたくさんある」ことと、「**発達が気になる子のほうが、定型の子と同じことをしたとしても責められやすい**」ということです。

例えば、ある男の子が不機嫌になり、級友に軽く手が当たったとします。定型の子がしたことであればただの日常なのですが、わが子がしたことであれば「**障害児の他害の問題行動**」になってしまうのです。不機嫌になるたびに落ち着かないと、発達が気になる子の親も、教師も、発達が気になる子どもの行動すべてを「**発達障害による問題行動**」として扱いがちです。

しかし、定型の子でも発達が気になる子でも、子どもは子どもです。幼さも、ずるさもあって正常なのです。定型の多くの子にも問題行動と受け取れる行動は一部にありますが、見逃されるどころか、問題と認識されていないことも多いのです。

そんなときどうする?

「大人も間違える」「意見はどんな相手にも言っていい」と伝える

発達が気になる子は「注意される」「指導される」ことをたくさん経験します。そんなわが子に、世の中の大前提として教えているのは、親も教師も含めて「大人も間違える」ことと「意見はどんな相手にも言っていい」ことです。親だって、他の大人だって、できないこと、勘違いすることはいく

子どもにも真摯に謝る

らでもあるのです。わが家の子どもは指導されることが多いので、**自分が間違っていると疑いもせず思ってほしくない**のです。

その結果

わが子の言い分を聞くと、親の早とちりで、わが子の言い分が正しいと感じることは実際にあります。そのときは謝ります。**親以外の介入でも、間違っている、勘違いされているときは、きちんと介入**します。親の力ではどうにもならないことであっても、親が「それは、わが子が正しい」と思えば、「あなたは正しい。間違っていない」と、**必ず言葉に出して伝えます。**萎縮することなく、「自分が間違っている」という前提を持つことなく、世界を見てほしいからです。

よくある話 60

生きていれば嫌なことがあるのは当然。仕方がない

ところが……

定型の子よりも嫌なことにあいやすい

発達が気になる子は、**普段の生活の中で嫌な思いをする機会がどうしても増えます。**本人がきっかけのこともあれば、他人がきっかけのこともあります。楽しみなことですら、ダメージを受けることがあります。「ワクワク」とか「楽しみ！」という感情に慣れていなければ、こんな**ポジティブな感情もストレスの原因になってしまう**のです。

そんなときどうする？

心のダメージを減らすために感情を分析する

そんな中、嫌な思いをする回数自体は減らせなくても、本人が受けるダメージを変えられるのが**感情の分析**です。自分が何かを感じたとき、自分は悔しいのか、悲しいのか、怒りを感じているのか、などを正しく冷静に認識できると、人間は**それだけでも少し楽**にな

ります。**そう感じた理由まで考えられれば、さらに楽**になります。

他者の感情に不安を感じるのも、他者の感情が自分には読めないからです。この不安から、過度に負の方向に想像しやすくなるのです。

なので、自分の感情を正しく把握するための第一歩として、**感情についての語彙力が豊富になるように**、普段から親が感じたことを教えています。親がどう思っているのか？　それはなぜか？　感情がいろいろと混ざっている場合は、どんな感情が混ざっているのか？　を説明しています。

その結果

自分の感情をうまく表現できる名前が付くと感情への対処がしやすくなり、**自分の感情に過度に振り回されることが減ります。**自分の感情の変化に慣れてくると、**過度に他人の感情を怖がらない**ようにもなります。

感情を分析して言語化できるよう、豊富な
語彙力を身につけてほしいと考えている

よくある話 61

「何に困っているのか」子どもに教えてもらう

ところが……

子どもはSOSの出し方がわからない

子どもは、本人は困っていても黙っていることが多いです。途方に暮れているというか、そもそも知識や経験が乏しいので、**何が解決できることで、何が解決できないことなのかもわからず、困っていてもSOSの出し方がわからない**のでしょう。

特に子どもが幼いときは、大人側から「何か困っていることがある?」と問いかけてもダメです。本人は自分が困っているかわかっていないので、「何か困っている（とわかる）ことがある?」と受け取られるからです。すると「（困るという感覚や解決法がわからないので、わかっていることは）**ありません**」という答えになり、**すれ違う**のです。

「わからないから教えて」「できないから手伝って」という一言が難しいのです（大人でも難しいです）。

そんなときどうする？

「助けて」と言ったら助けてもらえた経験を積む

この一言を言えるようになるには、安心できる自宅で、子どもが親に「教えて」「やってくれる？」と言ったとき、親がそれに応える機会を設ける必要があります。**『助けて』と言ったら助けてもらえた」という経験を繰り返し積むことで、困ったときに「助けて」と言えるようになる**と思っています。

その結果

本人が嫌いなことや、やりたくないことなどを探りながら聞くことで、困っていることを親側も少しずつ把握できるようになります。そして、**子どもから何かお願いがあったときは、親が全力で応える**——これができるようになってくると、子どもも側も感情の引き出しが増え、困りごとの「解像度」が上がってくるため、対処しやすくなります。

練習しないと「助けて」と言えない！

よくある話 62

先生やクラスメートと仲よくさせる

ところが……

いじめ、からかい、仲間外れにされやすい

発達が気になる子どもたちは、**いじめられたり、からかいの対象になったり、仲間外れにされたり、存在を軽んじられたりする**ことがあります。

●先生に邪魔者扱いされた長女

マイペースな長女の場合、いわゆる**熱血タイプの先生が苦手**でした。また、DCD（発達性協調運動障害）なので体育が苦手で、ただ歩いているだけでもよく転びますし、複雑な動きになると「ふざけているのか？」と思われるような変な動きをしてしまいます。そんな彼女が大変だったのは、**運動会の出し物**です。先生に「やる気がないなら、あっちで見てて！」と言われ、長女は「はい……」と言うしかありませんでした。

先生は「保護者が来て管理職も見る運動会」で高い完成度を求めているので、うまくで

きない子に冷たくなってしまうのは仕方がないのかもしれませんが、子どもにとって先生の扱いは大きな影響があります。

また、「やる気がない子」として先生が長女を扱うと、**クラスの子たちも「長女さんはやる気がないのだ」と誤解し、なんとなく「あの子はあのような扱いでもいいのだ」と思ってしまいます。**

●ゲーム機のコントローラをすり替えられた長男

長男は家では感情を出しますが、学校では人に合わせておとなしくニコニコしています。どちらかというと過剰適応気味で、意見をほとんど言わずに周囲に合わせます。そうすると、ボス的な男の子に目を付けられます。**「こいつはおとなしいから、強気で言っても大丈夫」とでも思われていた**のかもしれません。

長男が小1のある日、わが家にクラスの男の子4人が集まり、みんなそれぞれ任天堂の「Switch（スイッチ）」を持ってきて遊んでいました。その中の一人だったAくんは、小1にもかかわらずSwitchをオンラインで使いこなしており、わが家に来るなり「Wi-Fiどこ?」と長男に聞き、パスワードを入力していました。気が付くと、それぞれが違う遊びをし始めました。

困ったのは帰宅後です。先週買ったばかりのわが家のＳｗｉｔｃｈのコントローラが傷だらけになっていたのです。カバーはわが家のものなのに、覚えのない傷があるコントローラ――**すり替えに気が付きましたが証拠がなく、どうしようもありませんでした。**

●同級生にいきなりたたかれた次男

次男はいつも穏やかです。怒ることもなく、人に対してとても優しく接します。相手の気持ちをいつも想像し、譲ることが多いのです。自分の気持ちを押し殺し、相手に合わせようとするのです。

その結果、多くの子が穏やかで優しい次男のことを好きになってくれるのですが、そのうちの何人かは**「次男くんは優しいから、何をしてもいいんだ」と勘違い**します。

ある日、次男が休み時間にカードゲームをしていたら、クラスメートがやってきました。ところが、「遊ぼう」と言いながら、手に持っていた洗濯ばさみで次男の頭をたたいたのです。次男は痛くて声をあげて泣いたそうです。

相手の保護者と先生に話を聞くと、「遊びたくてちょっかいを出した」「たたいたらどうなるのか考えずにやった」ということでした。でも、**これが上級生の怖いお兄さんだったら、頭をたたきながら「遊ぼう」と誘うでしょうか？** 次男だから、いつもにこやかで優しい次男だから「何をしてもいい」と思ったのではないでしょうか？

ところが、次男の頭をたたいた子は「謝らない！」と3日間かたくなになり、相手が謝ってくれないので次男は「また同じことが起こるかもしれない」と考え、学校に行くのが怖くなってしまいました。

彼が謝らない理由は「いつもニコニコしている次男くんがあんなに大泣きしてパニックになり、謝るのが難しい」という理解しにくいものでした。

そんなときどうする？

どんな先生とどうつきあうのか、どの子とどう遊ぶのか、親も気にかける

長女のケースでは、本人なりに懸命にやっても否定されたため、運動会が終わるまで学校に行きたがらなくなりました。長女は、決してやる気がないわけではなく、体の動かし方が不器用でうまくいかないだけなので、残念な結果でした。

長男のケースでは、このトラブルの後、**わが子が、どの子とどう遊ぶのかを親も気にか**

けるようになりました。**外で遊ぶときもなるべく、遠くから様子を確認**するようにしました。

次男のケースでは、たたいた子は「不安が強くて謝れない」のかもしれません。不安が強いから、怒って自分を守ろうとしているのかもしれません。おそらく対応が難しい子で、保護者も先生も精いっぱい対応してくれているのでしょう。

でも、私たちの願いは「次男に安心して学校で過ごしてほしい」ことだけです。**このような意味不明な言い訳がまかり通る状況を許してほしくない**のです。起こってしまったことは仕方がありません。たたいた子にはそこから学んで、繰り返さないでほしいのです。「次男と遊びたかったらどうすればよかったのか」「たたいてしまったら次男はどう感じるのか」「けがをさせてしまったらどうしたらいいのか」「君がびっくりしたのは本当かもしれないが、それは君が起こしたことである」ということを考えてほしいのです。

その結果

問題に直面するたび、対策をひとつひとつアップデートして、家族全員で考えています。

子どもの人間関係をほったらかしにせず、よく観察する

第7章

生活が楽になる「支援」の使い方

よくある話 63

行政や学校からいろいろ支援がある

わが子の発達障害がわかってからは、「ハンディキャップがある子どもには、行政や学校がいろいろな支援をしてくれるはず。だから、それを頼りにしよう」と考えていました。きっとくわしい専門の担当者がいて、手取り足取り教えてくれるはず。困っている人を助けるのは、行政の役割の一つのはず……。こういうときのために、これまで納税してきました。

ところが……

支援は申請しないと受けられない

実際に「障害者の子どもの親」という立場になって驚いたのが、**申請のやりにくさ**です。

まず、窓口で話がなかなか通じません。話の途中で奥からベテランのような職員さんが出てきて、同じ説明を繰り返しても、通じないことがありました。また、行政サービスや福祉は申請制です。黙っていたら何も手に入りません。聞いたら教えてくれますが、聞かなかったらいつまでも自力しか使えません。特にマイノリティ向け支援の一番の欠点は、**申**

請者が申請制度について、ある程度の知識を持っていないと話にならないことです。

そんなときどうする？

親が利用できる支援を調べつくす

行政のウェブサイトを中心に、本当にひたすら調べつくしました。申請時は「障害者が使える、○○というサービスの□□を利用したいので、手続きをお願いします」と伝えます。

大げさに言えば、窓口の職員さんに教えられるレベルでないと、話が進みません。

そこまでしないと、**調べもせずに「そんな支援はありません」などと、いい加減なことを言われてしまうことすらあります**

制度やその適応範囲、自分の子が対象であることまで説明できるようにしたい

（**本当に知らなかったのかもしれませんが**）。行政のサービスを受けるための相談をしにいくときは「受けたい支援」と「わが子がその支援を受けられる根拠となる資料」などを準備しました。

また、あまり知られていませんが、一部の公的支援申請の許認可には、はっきりした基準がなく、**大きな地域差**もあります。なので、同じ診断名、検査結果でも、居住地域によって、受けられる支援が変わってくるのです。

その結果

「行政や学校側は、いろいろな制度を把握していない」という前提で考えるようになり、このように**事前に準備していくことで、適切なサービスをスムーズに受けられる**ことが増えました。もちろん、時間の無駄も減り、要領を得ない役所の担当者にイライラしたり、がっかりしたりすることも減りました。

よくある話 64

ハンディキャップのある子には、適切な学級がある

小学校以降、ハンディキャップがある子には、**それぞれ適切な学級**があるはず。そこに通えれば、うちの子も安心して勉強できるはず……。

ところが……

あっても、わが子が利用できるとは限らない

適切な学級が存在していても、**わが子が利用できるとは限りません。**自分の子どもが幼児のころ、変わっていることに薄々気が付いていたとしても、「小学校入学以降にどうするか」は悩ましい問題です。大きな区分として、

- 特別支援学校（肢体不自由、重度の知的障害の子が多い）
- 特別支援学級（ⓐ知的障害特別支援学級ⓑ自閉症・情緒障害特別支援学級（情緒学級））
- 通常学級（＋通級）

がありますが、運営内容の実情には偏りがあり、地方ではそもそも枠自体が少ないので、「わが子に合っていそうな学校」が近隣にあっても、わが子が入れるとは限りません。

一応、「**自閉症・情緒障害特別支援学級（以下、情緒学級）**」という枠組みで「学習障害」や「自閉スペクトラム症」「場面緘黙《かんもく》」の子の行き先は確保されているはずなのですが、配備に地域差が大きく、「情緒学級に行きたい」と親が希望しても、「知的障害がないなら無理です」と拒否されることもあります。

「まずは通常学級に通って、無理そうなら情緒学級に移る」というやり方だと、

自閉症・情緒障害特別支援学級にはなかなか入れないこともある

少なくとも数か月間は学校などと交渉する必要があります。その間、**子どもは「相性の悪い状態のクラスに無理して通う」か「不登校で過ごす」かの二択**になってしまいます。通常学級での集団生活が合わないだろうと親にはわかっていても、「選ぼうにも枠がない」「一度、実地で経験して、別のほうがよかったとわかっても簡単に変えられない」ので、本当に難しい選択を迫られます。

なので、「入学前に数日、実地で体験する」などのシステムがあれば、学校は実際に教室や机でどういう行動をするか把握できるし、子どもは普段通りの言動をして、どういう対応ができるかを検討してもらえるので、学校も子どもも、お互いに望ましいと思うのですが、そういった制度はありません。

●小1はつまずきやすい時期なのだが……

わが家の3人の子は、情緒学級も含めて検討したものの、**3人とも通常学級判定**でした。当時の学区では、入学後、校長先生から「知的障害以外は対応できない」「発語があり、座っていられるなら、通常学級が原則」と言われてしまい、選択肢はありませんでした。それならせめて、「入学前から、極端に苦手なことについて対応できるよう準備してほしい」

と伝えましたが、入学前の時点では「そもそも、担任が決まっていない上、入学もしていないのだから、まだ児童ではなく対応できない」という通達があり、教員との話し合いすらできないという状況でした。

幼稚園から小1になると劇的に決まりごとが増え、拘束時間も増えます。もともと他人が決めた予定で過ごすのが苦手だったり、集団行動が苦手だったりする子にとって、つまずきやすい時期です。学校側もそれはわかっているはずなのだから、つまずかずに過ごす制度があるといいのですが。

そんなときどうする?

子どもの進学や進級は1～1年半前から考え始める

具体的には、**年中の夏休みから考え始めるのがベターです。小学生であれば、小5の夏休みからです。**幼稚園も小学校も、どちらも**「就学相談」がそれぞれ年長、小6のときにあるので、申し込みを逃さない**ようにします。また、担任の先生、もしくは教育委員会に電話して、**「就学相談」の申し込み方法を確認**することも重要です。

その結果

残念ながら私たちの場合は、「**就学相談**」という存在を長男の入学後に知りました。というのも、発達障害と診断された時期が、長女は小2、長男は年長の秋だったからです。**どちらも就学相談の時期を過ぎてしまっていた**のです。

次男が診断されたのは年少の秋でしたが、園から就学相談の案内はなく、利用しないまま通常学級に進学せざるを得ませんでした。

その結果、長女と長男は1~2年生時、数日通っては数日休む、五月雨《さみだれ》登校をすることになり、次男は1年生の1学期に3か月通った後、不登校になりました。

よくある話 65

わが子のサポートは、きちんとお願いすれば大丈夫

ところが……

役所や学校は前例主義なので、融通が利かない

行政や学校が不慣れな案件でも、親がきちんと説明すればば対応してくれるはず……と思いきや、学校は慣習を優先させるので親は疲弊します。わが子が困ることがわかっていても、準備してもらえない、効果があるとわかっていることでも、**「前例がないから」**と断られてしまうことが、当たり前のようにありました。

そんなときどうする？

親は知識を増やし、プレゼン力を磨く

理想論はやめて、学校と話し合う場は「子どもの状況をよくするために、自分たちの提案をプレゼンする場」だと思うようにしました。大前提として、**先生や役所の作業時間や負担が少ない提案**をします。最初に「クレームを言いたいわけではなく、**お互いが楽になる方法**を探りたい」と一言言うのが重要です。こちらがどんな人間なのかがざっくりでも

伝わると、拒絶気味なことが多い雰囲気がやわらぎます。とにかく低姿勢で、「ありがとうございます」を、1回の面談で3回は言います。

●最初「お時間をいただき、ありがとうございます」
●中盤「お力になってくれて助かります。ありがとうございます」
●最後「今日は安心できました。ありがとうございます」

「すみません」を連発するよりも、「ありがとうございます」のほうが気分はよくなります。**役所の担当者や先生方は基本的に疲れているので、できるだけ感謝して、少しでも心証をよくすることが大切**です。また、こちらの希望を3つ程度に絞り、優先順位を明確にするのも重要です。例えば、

❶座席を入口近くの一番後ろにしてもらう
❷宿題を出すときに「声かけ」をしてもらう
❸給食を残すことを許してもらう

この3つのうち、**どれか1つでも受け入れてくれたらラッキー**です。

その結果

「配慮」や「支援」という言葉は大げさで、専門的な雰囲気すらあります。そのせいか、話し合いの場での過半数の教員の顔には、最初から「わがままは受け付けません」と書いてあります。**この状態から交渉が始まる**のです。

親が敵に見えているのかもしれません。もともと多忙な労働環境で「自分の仕事を増やしに来る」人間がいれば、敵にも見えるでしょう。正直、気持ちはわからないでもありません。

なので、その「思い込み」を取り去ってもらうことから始めます。そのために伝えることは以下の3つです。

❶親は教員の敵ではないこと

⬇「要求したことをのめ」と言っているのではなく、わが子が落ち着いて過ごせる環境をつくるための「仲間」であることを伝えます。「教員側にとって無理のない方法」で、子どもに適した状態をつくりたいことを強調します。

❷子どもは環境に依存していて、環境によって能力や性格が大きく変わることを経験してほしいこと

⬇これは長い間、いろいろな試行錯誤をしつつ、子どもとかかわらないとわかりません。能力の凹凸が自分の想像の範囲外の子どもを受け入れることは、ほとんどの人ができません。

しかも、学校には何らかの「圧力」があるのか、「**成功が約束されている介入**」や「**正しい介入**」でないと「やりません」という態度をとる先生もたくさんいます。

なので、その子どもにとっての正解を見つけるためには試行錯誤が必要という前提のもと、「**まずは試してみたい**」「**その結果を皆で評価し、ブラッシュアップしたい**」ということを何度でも伝えます。

❸親と教師はお互いに子どもの違う側面が見えていること

➡発達が気になる子たちは、家族以外の人の前で、ある程度の「擬態」ができます。また、本人に困っている自覚はありません。そうなると、教師から「何か困っている？　助けてほしいことは？」と聞かれても「何も困っていない。助けは必要ない」と答えることが一番多いのです。しかし、自宅で子どもの様子を見ていれば「困っている」「助けを必要としている」ことはたくさんあります。

逆に、親側が問題と気が付いていないことでも、教師の目線では問題に見えることもあるでしょう。だからこそ、**お互いの観察結果を共有したい**のです。

これも親としての願いです。

親にはビジネススキル（リサーチ能力、プレゼン能力）が欠かせない

役所
いざ!!
知識
支援
情報

第8章

SNSでよく聞かれる質問とその回答

Q1 発達障害は遺伝するの？

A 確かに遺伝は関係しますが、「父（母）親が発達障害だから、子どもも発達障害」とは限りません。自閉スペクトラム症に関係する遺伝子は複数あると言われています。そして、そのひとつひとつが関連し合っています。「感覚過敏」というとマイナスの印象ですが、「特定の感覚が人より鋭敏」と言えばプラスの印象も少し感じられます。

また「自閉スペクトラム症の原因遺伝子はすべて悪」とは言えません。

ポーカーや麻雀の**役**を想像するとわかりやすいかもしれません。ポーカーでは、同じ役を2通り準備しても、カードを混ぜたら違う役になったり、役が成立しなくなったり、逆に強い役になったりします。

遺伝子のひとつひとつがよいか悪いかは、他の遺伝子との組み合わせや、環境、状況によって変わります。**遺伝の組み合わせと結果は多種多様**です。「病気の原因」と言うとネガティブな印象かもしれませんが、一部の遺伝子は「**能力が上がる**」こととも相関しています。

●発達障害の「原因」をつきとめるのは難しい

もしどちらかの親に**特性**と呼ばれる症状がなくても、単に発現していないだけかもしれません。自身に特性がなく、パートナーに特性があると「あなたの遺伝子のせい」と思ってしまうかもしれませんが、純粋に学術的に言えば、「どちらが原因か」は、相当いろいろな検査をしないとわかりません。また、子どもが独自の遺伝子配列を持つこともあるので、調べてもわからない場合もあります。

はっきりした特性がないほうの親（組み合わせでたまたま症状が出なかった、症状は出ているがよい側面が目立っていた）が、多くの原因遺伝子を子に渡してしまった可能性もあります。

自閉スペクトラム症の原因遺伝子は、定型発達の人でも当たり前に持っている可能性があるので、定型発達の方同士のカップルから発達障害の子が生まれてくることもありますし、逆に発達障害の方同士のカップルであっても、子どもが定型発達である可能性もあります。学者が言う「遺伝が関連する」の意味は、「親がそうなら、子もそうである」ではなく、「**その人の遺伝子配列で、その人の状態を説明できる可能性が高い**」ということです。

Q2 こだわりを認め続けると強化してしまう？

A そうなる可能性はあります。でも、こだわり＝悪ではないし、絶対に矯正しないといけないことでもありません。**こだわりがあることで安心して生活できる、または許容できる範囲のこだわりならば、別に一生ものでもよい**と思っています。

私自身、例えば麺つゆなど特定の商品は、好みのメーカーや品名が決まっています。他のものでも問題なく食べられますが、自分で自由に決めてよいのであればその製品にします。

子どもたちを見ていると、**いつも同じルール、決まったルールの中で生活することが、子どもたちの安心につながっている**ことがわかります。成長とともに、受け入れられる範囲も広がっていきます。なにかのきっかけ（まったく別の分野からの介入など）で、一気にこだわりが崩れることもあります。こだわりや主張は、身近な人とのやり取りやコミュニケーションによっても変化します。

こだわりが「社会的に受け入れられないもの」なのか、「時間や金銭的なコストの問題」

なのかで大きく分けて、後者であれば**「焦らない」「気が変わったときに試せる環境を用意しておく」**など、いろいろな体験をさせることが選択肢の一つです。

例えば、故スティーブ・ジョブズ氏の有名なエピソードとして「服選びの逸話」がよく知られています。「服選びに脳の力を割きたくないから、同じ服を何着も揃えた」という逸話ですが、このような、周りが受け入れられるようなものであれば、社会はこだわりにも寛容です。

Q③ 「嫌なこと」を避け続ける人生でよい？

A まず大前提として、大人の大半も、嫌なことは避けています。しかも、子ども時代の学校は特別な場所です。集団で、自分が決めたわけではない予定に沿って長時間行動し、そこにメリットを感じるのは難しく、物事のやり方も学校側の都合に合わせて矯正されがちです。子どもの性質によっては、**大人よりもかなり過酷な状況で生きている**と言えます。これを踏まえた上で、「嫌なこと」を避けていいか考えてみると、2つの重要な視点があります。

視点❶「嫌なこと」で誰が困っているのか？

「嫌なこと」で困っている人（例えば親）がいるなら、別の似たものを用意して代わりの手段を探したり、イラストなどで「困っている人がいる」ことを伝えたりしてみましょう。

例えば、「汚い服を着たがる」「よれよれの服を着たがる」ことをやめさせたければ、**許容できないラインを提示**しておいて、「そういうときは介入するよ」と事前に決めておくといいでしょう。好きにさせるときは、何も言わなければいいだけなので気楽です。

「誰も困っていない」「困っているのは本人だけで、許容する」のであれば、そのままにすることも選択肢の一つです。

視点❷「嫌なこと」の理由は何か？

例えば「○○というメーカーの綿１００％の洋服しか着られない。それ以外は嫌がる」としましょう。まずは、**「なぜなのか」**を観察してみましょう。綿以外の素材を嫌がっているのであれば、感覚過敏の可能性があるので、すぐに問題を解決しようとせず、こだわりを満たしてあげればよいでしょう。「月曜日はこの服を着ると決めているから、他の服は着たくない」というたぐいであれば、害はないので、好きにさせましょう。

Q4 命にかかわること（飛び出さない、窓に上らないなど）はどう教える？

A 「言って聞かせる」ことができない子育てでは、**「やってはいけない危険な行動」をどう学習させるかが大問題**です。わが家も大変でした。特に長男に対しては「親が目を離している間に死ぬかも」と、何回も思いました。長男は危険を見通すのが苦手で、周囲を確認せず衝動的に動き、予防的な確認動作は覚えてくれませんでした（本人の中で確認動作は無駄な動きなので省略されがち）。行動は危なっかしく、修正も効かず、親は本当に不安でした。そんな中で徹底したのは**「危険な行動ができない環境づくりをする」**ことです。

例えば、ガードレールのある道を選ぶ、ハーネスをつける、ベビーカーに乗せる、窓やベランダの周りに物を置かない、二重ロックを付ける、1階に住むなどです。その上で、よりよい行動をカードやイラストで伝え続けました。いつ理解したり、覚えたりしてくれるのかはわからないからです。**「どういう伝え方だと伝わりやすいか」**も模索しました。命にかかわることは、ルールとしてルーティンに落とし込めるとスムーズです。

長男は自転車に乗れるようになってからも、1人で遊びに行っていい許可を遅めにしました。それでも長男は1回、飛び出して小さな衝突事故を起こしました。自転車は修理可能でしたが、このときはあえて廃車にし、警察の交通安全教室に通いました。**親に教わると甘えが出やすい子どもの場合、警察の講習会などは有効な策の一つ**です。

Q5 発達障害が治る「食べ物」がある?

A

書店には「特定の食べ物、栄養素で発達障害が治る」とうたった本が並びますが、現状、「わが子に試したい」と思える根拠を示したものはありません。正直、**特定の食べ物や栄養素を重点的にとる意味はない**と考えています。

しかし、食事は重要ですし、偏食の子どもの場合、一部の栄養素が欠乏して、症状が悪化する可能性があるので、**栄養指導を受ける**のが理想です。メニューが固定されていると、きちんと食べているつもりでも意外に一部の栄養素が不足してしまうことがあるからです。

その場合は、**欠乏している栄養素をサプリメントや一部の食品でしっかりとることが、体の調子をよくするのに効果的**です。ただ、それは「不足しているものがあれば、補充するのが効果的」ということであり、「発達障害の子に効く特定の栄養がある」ということではありません。

なので、わが家では「栄養を偏りなく摂取できているか？」と「楽しく食べられるメニューがあるか？」が、食事で気にしていることのすべてです。

Q6 発達障害が治る「薬」がある？

A 一部のADHDやかんしゃくの子に有効な薬はあります。非難の意図で「薬に頼る」と表現する人や本がありますが、本当に残念です。いろいろと試された結果として、効きそうな薬が保険承認されているのですから、**自分たちが困っていて、処方適応があるなら、ためらわずに試すべき**です。試した上で、期待したほどの効果がない場合や、副作用が起きてしまう場合は、中断すればいいのです。

長男は幼児期、かんしゃくに対する処方をされていました。症状がたいして変わらず、本人が内服を嫌がるので続けられませんでしたが、きちんと効果が出て、本人も嫌がらなければ、年単位で続けていました。内服で改善するのであれば、**普段の生活で苦しむ量を減らせるし、事故にあう、死亡する確率も低くしてくれる**からです。

それを「薬に頼っている」と言われたときの答えは「頼ったほうがいいと判断した上、医師と相談して使っているけど、何か？」以外にはありません。

Q7 園、小学校、中学校ではどこが一番大変？

A これは、わが子3人を子育てしている親の感想ですが、**小学校が断トツで大変**です。「明確な目標がある生活への変化」「大人数で長時間、狭いスペースで過ごす」「生活面へ介入されがち」なことから、3人とも低学年で不登校になったり、家庭で荒れたりしました。幼稚園ではできていなかったけれど、小学校に上がればできるだろうと考えていたら、入学後もできなかったからです。

幼稚園は「○○の時間」に「流れに乗れない子がいて当たり前」という雰囲気があります。それに取り組めなくても、本人が損をする、怒られることはほとんどないでしょう。

しかし、小学校は違います。「できて当たり前」「できないのは能力が低いから」という考え方の教師もいます。教師との話し合いでも感じましたが、「正しく介入できれば、子どもの困りごとを短期間で解決できる」と考えている方が少なくありません。この考え方で危険なのは、確かに短期間で効果が出せるように見える「怒鳴りつけてプレッシャーをかけ、強制する」ようなやり方の効果が高いように見えてしまうことです。ＳＮＳなどでときどき見かける「発達障害は甘え」系の言説を弄《ろう》する人とも共通します。

しかし、**プレッシャーをかけて子どもを動かそうとする方法は、子どもに合わない方法で強制しているので、実際はうまくできないことが多いし、意図が間違った受け取り方をされて他の問題行動を引き起こしたり、その緊張が引き金となって別の場面で荒れたりなど、問題が多い方法**です。

中学校になると、幼稚園から小学校ほどの変化は少ないこと、子ども側の経験値も増しているので対応しやすいことから、問題が減ることもありますが、一方で高校受験や内申評価制度など、発達が気になる子が損をしやすい仕組みもあります。周囲の発達障害の子の親御さんに話を聞くと、小学校か中学校のどちらかが一番大変な時期だったようです。

Q8 わが子に発達障害という診断がついて「葛藤」はあった？

A 本当に正直に言って、**葛藤はありませんでした**。自分自身が少し変な自覚はあるし、そんな変な自分から見ても変な妻と結婚して、生まれてきた子どもたちです。「そりゃ、変だろうな。それにしても、診断がつくレベルなのか。ちょっとびっくり」くらいの印象でした。

ただ、これは「意思疎通に違和感はあるが、ある程度の発語がある」＋「知能に目立った遅れはない」ことが影響していると思います。また、わが子の対応のプロフェッショナルになっている妻といれば「自宅で過ごす限り、生活に大きな支障が出るような問題行動がない」という状態だったのも、葛藤があまりなかった理由です。

加えて、領域は違っても私は医師なので、診断する立場でもありますから、診断名はあくまでその人の状態を区分してつけた名前であって、**「その人の全体を指しているのではない」**ということを感覚的に理解していたというのもあります。

発達障害の診断がついたのは小学校低学年ですが、長女と長男の2人が周囲とずれていて、このまま一般的な接し方を続けるには限界が見え始めていた時期でした。ですので、**「これで公的な支援を受けられ、本人たちが少し楽になるかも」とうれしさすら感じていました。**

私は発達障害については専門外ですが、おそらく公的な福祉やサービスがあるはずだというのは瞬時に予想できました。「親だけで抱えなくていいのだ」と肩の荷が下りたのです。

次男は上の2人より早く幼稚園で不登園を経験していましたから、診断に関しては、同じように「支援を受けるツールの一つ」くらいに感じながら自閉スペクトラム症の診断の流れを、淡々とこなしました。

Q9 わが子の発達障害を「受容」「肯定」している？

A

私は「障害者の親なのに明るく過ごしている」ように見えるようです。そのため、子どもの障害を受容する方法や秘訣《ひけつ》をときどき聞かれるのですが、**「別に受容はしていない」**と正直に言うと、「?・?・」と、話が噛《か》み合わなくなります。

もちろん、私も子どもも平均から外れて変なのはわかっているし、その性質に「発達障害」などの名前が付いていることも知っています。

でも**診断を受ける前も、受けた後も、ずっと長女は長女、長男は長男、次男は次男です。**生まれたときから、ずっと変わらない3人の子育てを続けているだけです。だから、世間的な意味での「障害の受容」はまったくしていません。

また、わが子の障害を「気にしていない」ように見えるようで、「子の障害を肯定している」と受け取られることもあります。でも、**「別に肯定はしていない」**と言うと、やはり「?・?・」となるようです。

発達障害の人の自殺率や事故にあう確率は高く、平均寿命も短いことは統計的な事実ですし、思考や本人のやりやすい方法が一般的なものからずれやすく、負担を感じやすいのも事実です。私はこのような負担を肯定しているわけではありません。**このような負担は本人と周囲が一緒に改善し、是正していくこと**だと考えていますし、そのために必要なのは、「障害に対してどう思うか？」のような理想や道徳ではなく、単純に**「どう行動するのがベターか」という具体的な方法論**です。

理想的な対応を受けるには、当事者であるわが子たちが受け入れられやすい形で、自分の意図を伝えられたほうがいいです。また、親を含めた周囲は、想像の中での悪意を本人から変に受け取らず、試行錯誤で消耗しないようにしつつ、先回りもしすぎないことが大切です。常にそういうバランスを模索しています。

全部「お花」でしょ?
ちがう花だよっ

第9章

わが子が「発達障害」という診断にたどりつくまで

わが家の3人は全員、**自閉スペクトラム症**の診断を受けています。診断書の診断名は同じですが、実際の困りごとや実態は3人それぞれ、全然違います。3人が診断に至るまでには紆余《うよ》曲折がありました。**似たような環境の方の参考**になるかもしれませんのでまとめてみました。

01 長女の場合

誰でもそうだと思いますが、第1子には、たくさんの**「これって普通?」**があります。幼稚園の先生や小児科医、小児科看護師など、普段から赤ちゃんにかかわっている人でなければわからないのは当たり前です。

長女の場合、持病で生後すぐに手術し、生後半年まで入院していたことから、特にイレギュラーな子育てでした。

長女はとても神経質で、コンビニの袋を少しカサッとさせるレベルの音でもすぐに起き、大泣きしてしまう子でした。妻は、出産の疲労と付き添い入院で、心身ともに過労でした。ストレスで母乳が出なくなっていたのですが、長女は粉ミルクをまったく飲みません。だんだんと体重が減ってしまうほどでした。

粉ミルクも人工ニップルも全メーカーを試しましたが、すべてペッと吐き出してしまいます。ストローやコップ飲み、ヤクルトのとても細いストローを乳首にとりつけ、先にミルクを忍ばせたりなど、妻はあれやこれやと試したりしていました。「生まれたばかりなのに、もう意思や好みがあるのだなぁ……」と妙に感心したことを覚えています。

結局「今、手に入る粉ミルクの中で長女に合うものはない」という事実がわかっただけでした。このころは**何とか長女を生き延びさせるために必死な日々**でした。

長女はいつもお腹を空かせているので、30分おきに泣くこともありました。ほとんど体重は増えませんでした。ベビースケールに乗せると2～6か月の間、ずっと4kgだったことを覚えています。生後6か月で始めた離乳食が軌道に乗るまで、1～2時間おきに授乳を求めてきました。

退院して家で過ごすようになっても、2～3歳まで「浅い眠り」「母乳への執着」「神経質」は続きました。

でも当時は、**採血や点滴、いろいろな検査によるストレスで過敏になっているのだ**と思っていたのです。よく泣くのも、ミルクを嫌がるのも、神経質で眠りが浅いのも、痛い思いをたくさんしている生まれたばかりの赤ちゃんだからだ、すべてそのせいだと……。「赤ちゃんの機嫌が悪いのは、体調がすぐれないから」という認識は一般的にもあるので、長女が落ち着かないのは体調がよくないからだ、と納得していたのです。

そういうわけで、私たちは長女について「これって普通？」という疑問がたくさんあったものの、「すべては病気に関連するものだ」と考え、発達障害は疑っていませんでした。今思えば、**治療にともなう苦痛やストレスはあったでしょうが、感覚過敏やこだわりも強かった**のだと思います。

幼稚園の先生は教えてくれない

「何かがおかしい」――はっきりとそう感じたのは、3歳のとき入園した幼稚園の年少のときでした。「机に上る」「上った机の上で寝転ぶ」「1人だけロッカーの中がぐちゃぐちゃ」「発表会で1人だけ違う動きをする」「運動会で突然泣き出して、グラウンドのど真ん中を逃げ回る」――**そんな子どもは、うちの子だけだった**のです。

家庭生活では、読んだ本、遊んだおもちゃを元に戻す、片付けることが苦手でした。自宅では、大きなおもちゃ箱を用意して、とにかくここに入れるという形で片付けという作業が成り立っていたのですが、園では決まった場所に決まったものを置く決まりです。

朝の支度、帰りの支度、手を洗う、お道具箱を出すなど、そのときどきで先生は指示を出しますが、長女はなかなかスムーズに動けず、別の子についていた加配の先生（支援の先生）が見かねて手伝ってくれていました。

そのときの私たちの違和感は**「うちの子は片付けができない」「うちの子はみんなと同じことができない」**という2点でした。この状況は4歳になっても5歳になっても変わらず、ついに担任の先生に相談しました。

私＆妻「この子は片付けができなくて、自分がやりたくないときにやらなきゃいけないことができないんです。これは大丈夫ですか？　普通ですか？」

園の先生「そうですねー。確かにお片付けは苦手ですね。ロッカーもいつもぐちゃぐちゃですし。でも、まだ5歳だし、こんなものですよ。小学生になったら徐々にできるようになりますよ！」

私＆妻「そうですか……」

当時（12～13年前）は、今のように発達障害がそこまで周知されていませんでした。私たちには、医学生のころに学んだ教科書的な知識はあったものの、**「もし長女が発達障害であれば、先生がしかるべきところを紹介してくれるだろう」**と考えていました。私たちが医療者として働くときは、疑わしい病気があれば他院に精査を依頼しますし、リハビリが必要ならそちらに連絡をつなぐよう動くからです。

だから、**「問題があるなら先生からそう言われるだろう」「先生が大丈夫と言うのであれば気にしすぎなのだろう」**と。

ですが、2年後、医療現場と教育現場では、疑わしいときの対応方法が違うことに気が付くのでした。

○通級の先生に救われた瞬間

長女はそのまま小1になりました。相変わらず集団行動が苦手で、みんなから遅れるものの、学習面は問題ありませんでした。ところが私の異動にともない小2で転校してすぐ、問題が表面化し、ごまかしがきかなくなりました。新しい学校に通い始めて1か月たったころ、呼び出しがありました。面談室にいたのは担任の先生と、通級指導のA先生です。

このとき初めて、通級という存在を知りました。

通級のA先生「長女さんは、座れない、床に転がる、授業中に突然泣き出す、移動教室なのに移動できない、といった行動が見られます。**この子には何かあると思います。**児童相談所に電話してください」

A先生は言葉を選びながら、しっかりと私たちの目を見つめて**「何かある」**と言ってくれました。

「なんだか普通と違う?」「テレビやインターネット、本で言われていることを実行しても、私の子はうまく動かない」「声かけが通じない」「子育てがうまくいかない」「家がぐちゃぐちゃ、心もぐちゃぐちゃ」「お隣さんの子育てはいつも楽しそう」「私のやり方が悪いの?」「私たちは父親、母親に向いていない?」「仕事が忙しすぎて構ってあげられないから子どもが落ち着かないのか?」

これまで、このような不安をずっと抱え、自分を責めていた私たちは、「もしかしたら、私たちの育て方のせいではないのかもしれない」と**スッと視界が明るくなったような思い**でした。

○診断をもらって、むしろほっとした

後日、教員の友人にこのことを話すと、「私たちは医者じゃないから、『発達障害かもしれない』などと言ってはいけない。それにこれを言うと怒りだす保護者が多いから面倒なの。だから言わないようにしている」と聞きました。

そうだったのか！

幼稚園の先生には「大丈夫ですか？　普通ですか？」と尋ねたので、先生はあいまいに「こんなものですよ」と答えたのでしょう。でも、このとき私たちが「発達障害ではないですか？」と具体的に尋ねたら、「私たちには判断できないから、児童相談所や児童精神科、役所に相談しては？」と具体的なアドバイスが返ってきたのかもしれません。

呼び出し面談後、すぐ児童相談所に電話をかけて予約を取り、数か月後、児童精神科医から「自閉スペクトラム症ですね」という診断をもらえました。このとき、長女は8歳に

なっていました。

検査を受けてから診断までには数か月の時間があり、書籍で改めて調べていたので、「自閉スペクトラム症ですね」と言われたとき、「やはりそうか。助けてもらえる人が増えるから、状況は今よりよくなるだろう」と思いました。これで、**私たち夫婦だけでなんとかしなくてもよくなる、助けてもらえる**とほっとしました。もちろん、どんな診断をもらっても長女は長女です。

02 長男の場合

長男は、とにかく大きな泣き声の子でした。乳児期から頻繁に起きてしまうのですが、声が小さかった長女と比べ、長男の泣き声はまるでオペラ歌手のような声量でした。その声で新生児から3歳まで、きっちり2時間おきに目を覚まして泣くのです。

「昼夜の区別がついたら……」「離乳食が始まれば……」「卒乳すれば……」「1歳になれば……」「2歳になれば……」と、節目を目指して頑張りましたが、状況は変わらず、「なぜ、きっちり2時間おきに泣くのか？」はわからないままでした。

2歳半のころ、長男がいつまでもぐっすり眠れない原因を探るため、**徹底的に観察**しました。私たちが何か解決したいことに出合ったときにいつもすることは、

❶観察
❷原因の推測
❸解決策の検討
❹実行と振り返り

です。まずは現状を把握するため、客観的な情報を集めます。

観察中

朝　排泄あり
17時　園から帰宅。たいてい砂だらけなのでお風呂に入れる
17時半　夕食・歯磨き
19時半　布団を敷いて、絵本を読む。機嫌はよい
20時　眠くなってきた様子で、布団にくるまる。枕を微調整しながら、フィットする位置を探る。動きが鈍くなる。動きが止まる。寝入る

21時　動きなし
21時半　動きなし
22時　モゾモゾし始める。約5秒後、目をつぶったまま「あーーーーーーー!!」と泣き出す

❶観察

・よく食べ、排泄もある
・寝つきはよい
・動きがない状態のあとに毎回、泣き出す
・動きがないのは、寝入ってから泣き出すまでずっと
・下にしていた背中は汗びっしょり
・泣き出したときはいつも体が熱い
・くるまった布団の中はホカホカ
・口は閉じて寝ている
・寝ているときは大きな音でも微動だにしない
・眠る前にお茶を飲ませても、飲ませなくても変化はない

・入浴時間を15時ごろ、夕食前、就寝前、と変えても変化はない
・季節によって変化はない
・天気による変化はない

❷原因の推測

・寝返りをしないから布団との接触面に汗をかき、不快で泣く

❸解決策の検討

・2時間ごとに少し横に転がして、接触面を変える
・寝室の温度を下げる
・寝入るときは布団にくるまるが、寝入ったら布団をはがす

❹実行と振り返り

「**2時間おきの体位変換**」を実行しました。寝ているときに動かない長男の寝返りを親が手伝うのです。さっそく翌日から、長男が眠りについたあと、約2時間ごとに様子を見

に行き、モゾモゾするのを待ちます。「モゾモゾした！」と思ったら、すかさず転がします。長男は目を覚まさず、転がされます。布団に接していた背中（お腹の日もある）は汗びっしょりです。長男は極度の暑がりなのに、寝るときはなぜか毛布や布団にくるまらないと眠れないのです。

この対策は大成功でした。2時間おきに転がして接触面を変えることで、2時間ごとの大泣きはなくなりました。最初は大変でしたが、そのうち長男がゴソゴソする気配を感じ取れるようになり、親はほぼ無意識で転がせるようになりました。見逃しても、最初の「ギャー！」という泣き声を上げたときに転がして、汗をかいた背中に風を送る作業をほとんど無意識でやります。

後にわかったことですが、長男は汗をかいたときの感覚が気持ち悪く、好きではなかったのです。**感覚過敏があるため、肌が触れたときに不快になる閾値《いきち》が低かった**のです。

○適切な医療、福祉サービスを受けられず疲弊

長男は、他にもカッとなりやすいところがあり、見知らぬ子にでも向かっていくので、公園や共用の遊び場では目が離せませんでした。特に姉（長女）に対するライバル心から、

姉の行動を観察し、真似したり邪魔したり、なぜか怒って殴りかかったりしていました。

　最初は姉も、「年下だから」と我慢していたのですが、次第に我慢できなくなり、やり返すようになりました。1〜3歳のころは毎日、鼻血を出す殴り合いのけんかをしていました。

　3歳のころまでは力も弱く、家族以外には矛先が向きませんでした。幼稚園に入園後は、外で頑張ってこらえていたようで、その反動か、家で不機嫌になり、頻繁に暴れていました（一度だけクラスメートを突き飛ばしてしまいましたが）。

　一番大変だった時期は、家族で引っ越しをした、長男が年長のときです。いつも幼稚園には自転車で妻が送迎していたのですが、その日は初めて雨が降りました。雨なので妻は傘を持って徒歩で迎えに行ったのですが、長男は目を吊り上げて、背負っていたリュックサックを地面にたたきつけたのです。

妻　「どうしたの？」
長男「なんで、自転車じゃないの？」
妻　「雨が降っているからだよ」

長男「自転車ーーーーー！」

長男は自分の予想（自転車）と違い、母親が徒歩で迎えにきたためパニックになり、傘を振りまわして暴れ出してしまいました。声かけでは落ち着かず、妻は長男から逃げるように帰宅しました。このころの長男はかなり不安定で、家の中でも衣装ケースを引き倒したり、皿や本を壊したりして、家はめちゃくちゃでした。

そして、**この一連の出来事を目撃した近所の方が、幼稚園に通報した**のです。「**お宅の幼稚園の子が、すごく泣いていたが、お母さんは子どもを置いていこうとした。虐待ではないか？**」と。

これには、本当に心が折れました。近所の方の視線が怖くて、もう外では暴れさせられない、どこで誰が見ているかわからない。怖い……。

当時、**この状態でも私たちはまだ、適切な医療や福祉、行政サービスを受けられていませんでした。**さまざまな「子育て相談」と名の付くところには行っていましたが、誰もがそれぞれ「愛情」をかけ「向き合い」「(母）親だけで抱え込まず、誰かに頼る」といった回答をするだけで、「親である私たちの育て方に問題があるのだ」と落ち込みました。

市役所の子育て支援課や乳幼児健診で相談しても、「お母さんの愛情を独り占めしたいんでしょうね。頼れる人はいますか？　ひとりひとりに向き合う時間をつくって」と言われます。

「愛情をかける」「（行政ではない）誰か頼れる人」というのは、きっと**祖父母**を想定しているのでしょう。でも、**近くに頼れる祖父母はいないし、近くにいたとしても全員働いています**。そもそも行政の役割は、こういう人を救い上げることではないのか……と、腹が立つと同時に「相談しても無駄」というあきらめの気持ちになりました。

長男は「感情の起伏が大きい子」「自分の想いが強く、感受性が強い子」です。今でもそうです。ただ、自分の感情を外に出しすぎなので、そのあたりの調整ができるようになれば、この子は「大物になる」と自分たちを励ましていました。

最近は、発達が気になる子の情報が増え、問題行動は親の育て方の問題ではないことが広く知られてきたので、私が経験したようなことはほとんどないかもしれません。しかし、**たった7〜8年前、私たちはこのような状況**だったのです。絶望するには十分でした。

○通級の先生の一言で見えた「一筋の光」

ちょうどこの少し後に、小学校の通級で長女を担当してくれたA先生が長男の様子を見かけて、「(長女さんだけでなく) 長男さんも何かあるから、児童相談所に電話してね。来年からは (この小学校に) 私がいるから大丈夫よ」と言ってくれ、長男の子育て6年目にしてやっと味方が現れました。

このときはもう、何かしら診断をもらうことを予想していたので、「何かあってもA先生がいる。よかった」「子育てや人生をあきらめなくても大丈夫かもしれない」と思えました。**一筋の光**でした。

その後は、とんとん拍子に長男も診断をもらい、診断書を役所に提出し、精神障害者保健福祉手帳を受け取りました。このとき、**児童発達支援という制度とその施設**があることを知りました。当時 (2016年ごろ) はあまり施設に数がなく、市役所でもらった施設の一覧表を見ながら、上から順に電話をかけていきましたが、まったく空きはありませんでした。

このように、**相変わらず福祉につながれない日々が続いた**のですが、通級のA先生が長女に加えて長男も気にかけてくれたので、年長の1年間は相変わらず荒れていたものの、親の精神的な負担は少し小さくなりました。

私たちが住む市には通常学級と知的学級しかなかったので、長男は当たり前のように通常学級に入る手続きをしました。A先生は長男が通級に来ることを前提として園の先生とやりとりし、園での長男の様子も実際に見に来てくれました。

「お母さんの前での長男くんと違って、園では何も問題なく集団生活ができているし、指示も理解している。でも、私はお母さんと長男くん2人のときの（荒れた）様子を見ているから、これからいろいろやっていきましょうね！」

とおっしゃってくれたので大変心強く、胸がじんと熱くなりました。

◯発達障害の診断があっても通級に入れない

入学前、校長先生に朝、正門でお会いしたとき、

私　「4月に入学する長男ですが、通級を利用したいです」

と声をかけました。

校長　「そうですか。まぁ、入学後でいいでしょう」

その場はそれで話が終わってしまいました。改めて、入学後に声をかけたのですが、

校長　「今は空きがないので、早くても秋か来年ですかね～」

通級のA先生「担任と校長の『この子には確かに通級が必要だ』という合意がないと学内会議ができないのです。それがないと教育委員会に上げる申請ができません。通級に空きがないのは確かですが、何とかしたいと思っています。もう少し待ってくれますか？」

私　「……」

ところが、小学校に入った長男は、**意外にも幼稚園での生活より楽そう**でした。長男は自由が苦手なので、「園庭で自由に遊ぶ」「自由にお絵描きをする」「自由に粘土製作をする」といった「幅のある時間」に何をしていいのかわからず、とまどい、ぼんやり過ごすことが多かったからです。**小学校では「やること」と「時間」がきっちり決まっているので見通しが立つし、今何をしたらよいのかがわかりやすく、落ち着いて過ごせていた**のです。

とはいえ、問題もありました。

問題

・×（バツ）をつけられると、存在を全否定されたように感じて怒り出す
・マスの中に収めて文字を書くことができない
・消しゴムで消すときに紙を破ってしまう
・ランドセルの重さに耐えられず、たびたび道に捨ててしまう
・特に夏場は背中が暑くてランドセルに耐えられない
・行事や遠足などイレギュラーな出来事が近づくと夜驚症《やきょうしょう》（睡眠時驚愕《きょうがく》症）になること
・朝、出発する時間を7時40分と決めていて、その時間までに準備ができなかったり、

1分でも過ぎたりすると暴れ、学校に行けない

学級での35人の中の1人としては、担任の先生からも補助の先生からも大きな問題は見えないようで、「確かに朝、スムーズに登校できていないときはありますが、登校してしまえばニコニコしていますよ。よく話を聞いていて、学習もできています。クラスメートが困っていたら気が付いて手伝ってくれますし、休み時間は元気にドッジボールをして、給食もよく食べています。問題はないですよ。通級が必要とは思えません」と言われてしまいました。

診断名があっても、クラスや学校内で問題がなければ、通級を検討してもらえないのです。

通級への「道」が開けた出来事

流れが変わったのは、小2になってからです。長男は朝、7時40分を過ぎて気持ちが荒れてしまう日は、思い切って欠席したり、遅刻したりして登校していました。欠席すると決めてしまえば、カッとなった気持ちは落ち着き、10時を過ぎるころになると「やっぱり行こうかな」と登校することができました。

ところが、気持ちが荒れたまま暴れながら学校に向かったある日、校門で対応してくれた教頭先生の腕に暴れた長男の腕が当たってしまいました。**この出来事をきっかけに「長男くんは、支援が必要な子」と認識され、通級利用の話がとんとん拍子に進んだ**のです。「空きがなかった」はずなのに、通級の利用者を1人卒業させることで席を空けてくれたようでした。

長男に殴られた教頭先生には、申し訳ないことをしましたが、結局「保護者の訴え」ではなく、**「現場の先生が困ったと感じる」ことがないと支援制度を利用できないのだな**と感じました。

03 次男の場合

長女と長男のフォローに手がかかったので、あまり手をかけられなかったのが次男です。

次男はおとなしい子で、おむつが汚れたり、お腹が空いたりすれば泣きますが、快適ならずっとニコニコしている子でした。

次男が1歳になるころには、1時間くらい静かに機嫌よく、ブロックや絵本で一人遊びしていることもありました。支援センターなどに連れて行っても、妻の職場に子連れ出勤していたときも、他の子どもとトラブルになることはありませんでした。おもちゃの取り合いになれば譲り、大泣きすることも大暴れすることもなく、おとなしくニコニコした乳幼児だったのです。**「こういう子が定型発達というのかな」**と思っていました。

長女と長男のフォローに時間を取られていたので、次男と出かけるのは週に1度、妻が出勤するとき、学校や園、市役所のようななじみの場所へ相談しに行くときで、次男が好きな公園や動物園などにはほとんど連れて行けませんでした。予定のない日は疲れて家にこもる日々でした。気力にも体力にも余力がありませんでした。

情緒は3人の中で最も安定して見えた次男でしたが、親が心配したのは言葉の発達でした。次男は、3歳直前まで単語が3～4個程度と、言葉が出ませんでした。呼びかけにはうなずいたり、従ったりできたので、日常生活に困りごとはほとんどありませんでした。

3歳半で幼稚園に入園しましたが、たくさんの人がいる環境を好まないようだったので、**1クラス5人という少人数の幼稚園**を探しました。支援センターでも子どもがたくさんいる状況はあまり好きではないようで、他の子が多くいる場所より、公民館のようなこぢんまりとした場所が好きな様子だったのです。

幼稚園を見学すると、設備は古いもののきれいに掃除されていて、園児の数と教職員の全体数が2：1ほどでした。**これぐらい大人の目があれば、フォローしてくれるだろうと期待した**のです。また、園長先生はユーモアがあり、とても穏やかな方だったので、同じく穏やかな次男と合いそうだと感じました。

○幼稚園に行けなくなって始まった暗黒の日々

しかし、次男は半年で園に行けなくなってしまいました。クラスメートはたった5人でしたが、まだ3歳の子たちですから、譲ったり、相手の気持ちを考えたり、やりとりをして遊ぶ、といった行動がまだ十分にできません。

穏やかな次男は相手のペースに常に振り回されることに疲れていました。また、元気のよいクラスメートが多く、動きがゆっくりした次男には鬼ごっこやかけっこは不利で、同じように楽しめなかったのです。

最大の問題は、**次男が自分の気持ちをまだ言葉で伝えられず、嫌なことを嫌と言えない状況**でした。

次男は幼稚園で1学期と夏休み後の2か月、頑張って通いましたが、喘息《ぜんそく》の発作で1週間休んだ後、ふっと糸が切れたようにすっぱり園に行けなくなりました。誘っても、「休んどく」と言って欠席する日がさらに1週間以上続き、親にも違和感がありました。

マイペースな次男は、幼稚園で疲れているようだったので、少し長めに休み、回復したらまた挑戦すればいいと考えていたのですが、それは**長い暗闇の生活の始まり**でした。

最初はただ幼稚園を休むだけだった次男ですが、喘息の発作時に見始めた動画サービスに夢中になり、延々と一日中見ている生活になりました。制限をかけると泣きわめいてかんしゃくを起こします。これまで、そういう訴えはなかったので、不登園とあわせて対応に困りました。

楽しそうにではなく、苦しそうに動画を見るわりに、他のことはできず、動画を止めると泣きわめく次男を見て、親は**「何かがおかしいが、何をしたらいいかわからない」「本人は辛そうだが、有効な介入方法が思いつかない」**という状況です。

食生活にも変化が出ました。最寄りの生協で売っているコロッケをひたすら食べたがりました。コロッケを食べているときはけろっとした様子でおいしそうに食べるため、飽きるまで食べさせようと思ったら、その偏食は数か月も続きました。

親は最初は毎朝「(幼稚園)行く?」と聞き続けましたが、だんだん返事をしなくなり、しまいには聞こえなくなった（無視する）ようにも見えました。同時に外出をひどく嫌がるようになり、郵便を取りにポストまで歩くことすらできなくなりました。この時期、次男は目が吊り上がり、会話も成り立たず、生活に必要なことでも強い拒否が出がちでした。一方、欲しいものを落ち着いて伝えることもできず、痛々しい状態でした。

長女と長男の子育て経験や言動から、「この子も自閉スペクトラム症で、幼稚園では無理していたんだろう」と薄々思いましたが、受診先を探しても予約は半年後です。受診できても、得られるのは診断名であって、対応策ではありません。なので、**親2人と次男との、本当にゆっくりとしたリハビリの日々**が始まりました。

○幼稚園はどうする？

親からは次男に何も言わず、家では好きなことをさせたところ、数週間かけて、やっと少しだけ外に出られるようになりました。ゴミ出しに同行したり、郵便を取りに行ったりです。でも、それすらできる日とできない日がありました。

その後、数週間経つと、好きなことであれば少し遠くであっても外出できるようになりました。ドクターイエローを見学したり、公園で妻と2人でぼーっとしたり、科学館のイベントに参加したり……。こうして数か月過ごした後、**吊り上がっていた目はようやく下がって、本来の垂れ目の次男に少しずつ戻っていきました。**

問題は幼稚園です。次男の前で「幼稚園」という言葉を発すると表情が曇るからです。そんなとき、園長から「日曜日、子どもがいない園に遊びに来ませんか？」というお誘いがありました。親の目で観察していると、次男は幼稚園の先生や園そのものが嫌なのではなく、**他の子と長時間過ごすことが嫌**なようだったので、園長の提案を本人に聞いてみると「誰もいないなら、行ってみようかな」という答えが！

そこで、**誰もいない時間帯の幼稚園で、先生が都合のいいときだけ10～20分ぐらい遊んで帰る**ことを繰り返しました。ただ、一度平日の日中、買い物の都合で幼稚園の近くを通ったとき次男の表情が曇ったので、以降、平日の日中は近づかないようにしました。

そんな私たちにも、幼稚園の先生は、行事ごとのお土産などを家まで届けに来てくれ、次男は喜んで受け取っていました。お出かけすると「○○先生にお礼のお土産を買う」と言い出すこともあり、**先生たちのことは大好きな様子**でした。

そして、新型コロナウイルスが日本にも入ってきた時期（2020年～）、通園を一部の子のみに制限していた幼稚園から、「現在、多くても園全体で2～3人です。平日の日中、幼稚園に来てみますか?」という提案をもらいました。本人に聞いてみると、とまどいながらも「行く」とのことでした。

これにより、**なるべく数名だけの日を選び、平日日中も短時間、登園**するようになりました。慣れてきたら時間を延ばしていき、数か月かけて平日も通えるくらいに戻りました。ちょうどそのころ緊急事態宣言が終わり、幼稚園は再開しましたが、ちょっとでも顔が曇る日は休んだので、週2ペースで幼稚園に通い続けました。

その後、小学校に入学しましたが、やはり3か月間耐えたあと、夏休みにダウンしました。このときも数か月かけて回復し、数か月かけて笑顔を取り戻しましたが、勉強が関係するせいかなかなか小学校には戻れず、最終的には**情緒学級がある学校に転校**するため引っ越しをすることになりました。現在は好きな算数の時間を中心に平日、小学校に通っています。

第10章

「通常学級」から「情緒学級」への長い「旅」

第1ステージ

存在すら知らずに終わった「就学相談」

長女、長男、次男は3人とも幼稚園や小学校に通っていましたが、幼稚園や学校から「**特別支援学校**」「**特別支援学級**」「**就学相談**」といった言葉は出てきませんでした。

なぜなら、幼稚園や学校の先生の間には「私たちは医師などではないのだから（発達）障害の疑いがあるなどと保護者に言ってはいけない」「子どもに（発達）障害の疑いがあると言うと怒りだす親がいるから言えない」という暗黙の了解があったからです。

ところが私たちはそんなことは知らなかったので、クラスメートと同じように通常学級の手続きを進めました。というか、そのときは**それ以外の選択肢があるなんて知らなかったのです**。

○長女の場合

小学生になったとたん、幼稚園ではごまかせていた部分がごまかしきれなくなり、**小学校の生活になじめない部分**がたくさん出てきました。

例えば、「45分間座っていられない」「話を最後まで聞けない」「相手の話を途中でさえぎって話してしまう」「自分の言いたいことはどうしても言いたい」「興味がない話題は右から左」「先生の指示に従って、みんなと同じことができない」「気分が乗らないとぼーっとしてしまう」「休み時間に読んでいた本をチャイムが鳴ってもやめられない」などです。

幼稚園では、幼児18人に先生1人だったので、なんとか集団についていけるよう声かけなどをしてもらえましたが、小学校は児童35人に対して先生1人です。先生がたった1人の子を気にかけるのは不可能です。

片付けや集団には遅れがちだったものの、学習面には問題がないのでやりすごすことができていた長女ですが、転校という環境変化が負担になったのでしょう。転入後、小2になってすぐ、授業中にシクシク泣き出し、床に転がったという出来事があり、その件で学校から呼び出されたのです。

担任の先生、通級指導の先生との3者面談の場で通級指導の先生に「長女さんは何かある。だから、すぐに児童相談所に電話をして」と言われ、**児童精神科につながる一歩がようやく踏み出せた**のです。

○長男の場合

診断は幼稚園の年長の秋だったのですが、**就学相談は年長の秋に実施される**ので、すでに終わっていました(それも後から知りました)。「自閉スペクトラム症と診断されました」と幼稚園の先生に伝えたところ、「え！　そんなふうに見えませんが」「長男くんが自閉スペクトラム症なら、この組の子たちはみんなそうですよねー！」と明るく言われただけで終わりました。

今振り返って考えてみると、**外では頑張りすぎる子な上、園の先生から見て困りごとがなかったから、支援につなげようという流れにならなかった**のだと思います。

このように、**幼稚園や小学校から適切な支援につなげてもらうのは難しい**のです。あのとき、私たちが、

「この子にできることは何ですか？」

「行政や福祉サービスで利用できるものは何ですか？」

「教育委員会○○部の××さんにご相談したところ、△△△と言われました。学校では

その△△△を、お願いできるでしょうか？」

「就学相談には間に合わなかったけれど、通常学級と**情緒学級**の相談はどこでできますか？」

などと、**こちらから具体的に尋ねなければならなかった**のです。でも、これはとても難しいことです。特に第1子は、右も左もわからない中、親としてなんとかやっているのです。

「自分から調べて申し出ないと何も得られない」という仕組みは変えるべきです（今、その仕組みを仲間たちとサービス化している最中です）。

第2ステージ

「情緒学級」がなければ「通常学級」しかない

私たちが2024年の春まで住んでいた自治体は、人口数十万人の地方都市です。そこそこ大きい都市でしたが、子育てに対する支援は不十分でした。一番不満だったのは、**公立小中学校に情緒学級の設置がなかった**ことです。

これも就学相談と同様で、子どもたち（長女、長男）が小学校の高学年になるまで、そんな学級があることすら知りませんでした。文科省のウェブサイトを読んでいたとき、たまたま自閉症の子向けの学級があることを知りました。**「え？　これ、うちの子に合ってるんじゃない？」**。このときの衝撃は忘れられません。あんなに願っていた特別支援がかなう場所があるなんて！

今の日本では、通常学級に通えない子どもたちの進学先として、

❶特別支援学校（肢体不自由、重度の知的障害の子が多い）
❷特別支援学級（ⓐ知的障害特別支援学級　ⓑ自閉症・情緒障害特別支援学級（情緒学級））
❸通常学級（＋通級）

の3つを選択できるのですが、私たちの自治体には❷－ⓑがないため、知的障害があるかないかをＩＱで区切り、その程度により❶、❷－ⓐ、❸に分けていました。これにより、この街では何が起こるかというと、「知的障害がない発達障害の子どもは通常学級で過ごす」ことになるのです。**知的障害のない発達障害の子どもの居場所がない**のです。

例えば、

・聴覚過敏の子は、35人もいるザワザワした教室にはいられません。

・LD（学習障害）の子は個別の対応をしてもらえず、学校を休みがちになり、不登校となります。

・疲れやすい子は、先生の見守りやフォローが行き届かないので、学校に行くことに疲れて休みがちになり、不登校となります。

・共働きもしくはシングルの家庭の発達が気になる子は、親が仕事を休めないので、無理やり学校に行かされます。でも教室にいられなくて、校庭や校内をウロウロしてしまいます。

・1時間教室で過ごして1時間保健室や別室で休みたい子は、「今日はボランティアの先生がいるからOK。でも明日は無理」のように、その子に合わせた環境を用意してくれません。

これらは私たちが経験した、ある公立小学校での出来事です。通常学級で生きづらい子たちの多くは**学校で楽しく過ごせず、廊下やグラウンドをウロウロするか、学校に行くのをあきらめて不登校になるか、という道**をたどっています。これが現実です。

ボランティアの先生とは？

ボランティアの先生には2パターンあります。

❶教育学部の大学生によるボランティア

「教育現場を体験して、子どもたちの成長を見ないか？」といった文言で募集。新型コロナが流行するまでは年に1~2人、不定期でボランティアの先生がいました。

❷（主に精神の）病気で休職中の先生方によるリハビリ

「近所の公立小中学校で先生をしていたが、心が疲れて休職したので、ここで体を慣らしている」という方がいました。そういう状況なので、出勤（ボランティアなので勤務ではないですが）すると思って子どもが学校に行った日に「先生が体調不良で今日はお休み。だからあなたは今日、給食を食べられないよ」ということがたびたびありました。

「別室登校」の問題点

❶保健室登校はできない

❷会議室にボランティアの先生がいないと登校できない

❸職員が付き添わなければ給食を食べられない。保護者の見守りだけでは食べられない

❹別室で休憩できるか、自習できるか、給食を食べられるかは、その日にならないとわからない。すべての時間で対応できるわけでもない

❺別室での先生の見守りは、勉強を教えてくれるのではなく、ひたすら自習（ドリルやプリント）をするだけ

第3ステージ

「通常学級に戻る」ことは本当にわが子のためなのか？

というわけで、わが子たちは3人とも通常学級に在籍し、週に1コマ、通級指導教室で過ごすことになりました。

ここでは次男について説明します。次男は、幼稚園は「2日行って、3日休む」といった感じだったので、半分くらいしか通えませんでした。半年間、まったく登園できなかった時期もありました。

そんな次男ですが、小学校入学後は張り切って「疲れた〜」と言いながらも、毎日登校していました。暴れることもなく、学校から電話がかかってくることもありませんでした。「幼稚園はきちんと通えなかったけど、小学校は大丈夫だったんだ。よかった……」そう思った夏休み明けに突然出てきた「行けない」の言葉――**長い不登校の始まり**です。

小1の夏休み明け、学校に行けなくなった次男は、食事も食べられない、夜も眠れない様子で、日中も布団にくるまり、タブレットでYouTubeを見るだけの日々でした。こんな、**ただ生きている生活は1年続きました。**

小2の夏休み明け、なんとなく衣食住が整い、表情も穏やかになったため、小学校の先生の提案で、週に1回だけ放課後に40分、通級指導教室に通うことになりました。「放課後だから他の子どもはいない」「先生と1対1」「勉強なし」という環境だったので、次男は嫌がらなかったのです。「明日は通級だよ」と言うと、**「明日は何をするのかな？」「この前はトランプをやったんだよね」というような前向きな言葉**が返ってきました。

最初は教室まで母が付き添い、モジモジしていましたが、1か月くらいで「1人で行けるよ」と校門までの送迎で済むようになりました。半年かけて「先生と遊ぶ」➡「体を動かす」➡「今日の日付を書く」➡「足し算・引き算をする」「ひらがなを書く」➡「通級＋給食」……ということを、1回につきプリント1枚のペースで、ゆっくり進めてくれました。そして、通級にも先生にも慣れてきたところで担任の先生と通級の先生から言われたのが、「ちょっとずつ学校に慣れてきたので、このまま通常学級にきっと戻れますよ！」という励ましの言葉でした。

でもこのとき、**即答で「はい」と言えない大きな違和感があった**のです。「次男はこのまま通常学級に戻ることを目標にしていいのだろうか？」「35人もいるあの空間に戻ることは、次男の明るい未来につながるのだろうか？」「次男はそれを望んでいるのだろうか？」

――小2の3学期が始まったばかりの1月ごろの話です。率直に次男に聞いてみました。

私「ねぇ、通級は楽しい？」
次男「うん、楽しいよ」
私「このまま通級と給食を食べに学校に行って、3年生か4年生くらいで1組のみんなのところに戻るのはどう思う？」
次男「……通級はいいけど、みんなのところは嫌かも」
私「そうか、わかった。別の学校はどうだろう？」
次男「今よりは行けると思うよ。今の学校にはもう行けないと思う」

なぜ次男が「今の学校にはもう行けないと思う」と言ったのかというと、次男は学年で不登校1号だったからです。クラスや学年の子どもたちにとって次男は「なぜか学校に来なくなった子」。だから「早く学校に戻ってきてほしい」「元気になってほしい」。純粋にそう願ってくれていました。

だから、次男が散歩や買い物に出かけたとき、学年の誰かに目撃されると「あー！　次男さんだ！　ヤッホー」と笑顔で手を振ってくれるのです。そして必ず「どうして学校に来ないの？」と聞きます。このとき、次男はいつも無言でした。**みんなが、1年以上教室に姿を見せない次男のことを忘れないでいてくれたのは涙が出るほどうれしい**ことです。でも、まっすぐな目で「なんで学校に来られなかったの？　病気だったの？」と聞かれたときの苦しさもありました。

このように次男は「日曜日の3時ごろ、○○スーパーで見た！」のように、みんなの中で注目を集める存在になってしまいました。放課後1コマの通級に通っていたときも「あー！　次男さん！」と、1人の子に気が付かれると、ワラワラとみんなが集まってきます。

子どもたちが意地悪ではなく、学校に来られなくなった気の毒なクラスメートを心配して励ましてくれているのに、**目立ってしまっていることが次男には辛かった**のです。というわけで、クラスで「不登校の次男くん」となってしまったことで、「今の学校にはもう行けないと思う」と言ったのだと思います。

通常学級か知的学級しかない自治体にいる限り、先生方は当たり前のように通常学級に戻ることを目指します。**それしか道がない**からです。この自治体にいる限り、次男の選択肢は「このまま不登校気味でいる」か「通級・通常学級で過ごす」の2つしかなかったのです。でも、**私たちが望んでいるのは、次男が負担のない環境で学びと体験を得て、世界を広げていくこと**でした。「学校の先生が目指す方向と私たちが目指す方向の違い」「次男とクラスメートとの関係」という2つの理由で、**学区を変えてみよう**と引っ越しを決めました。

第4ステージ わが家に最適な「情緒学級」を探す！

ここから「情緒学級」を探す長い「**旅**」が始まりました。この旅は4つの流れで進めていきました。このときすでに1月末です。4月の新年度までに転出転入の手続きを進めるには2か月しかないというタイトなスケジュールです。以下がこれから「すること」です。

すること

❶情報収集
❷教育委員会に電話

❸好印象な教育委員会＆次年度から受け入れOKな自治体をピックアップ
❹情緒学級の設置がある学区の中から住みたい街をピックアップ

❶情報収集
引っ越しの決断の前から、情報収集は数年かけて行っていました。情緒学級の設置など「一市民」が受けられる教育環境は自治体により大きく異なること、特に特別支援の実際の内容や質は、自治体ごとに差が大きい（都市部だから充実しているとは限らない）ことに気が付きました。

ピックアップのポイントは3つです。

a 情緒学級がある（市町村ごと）
b 高校授業料助成金の所得制限がない（都道府県ごと）
c 子どもの医療費が18歳まで無償（市町村ごと）

残念ながら、この3つを満たす自治体は見つけられませんでした。特に金銭面での負担が最も変わってくる高校授業料助成金の所得制限なしについては、東京都と大阪府（2024年度から順次）だけのようです。

今回は次男の環境整備が一番の目的だったので、aの中でも特に**「次年度から情緒学級に転籍可能なところ」**を探すことにしました。そして、実家への帰省のしやすさ、出張やイベントへの出やすさを考慮し、新幹線沿線とその周辺の街に絞っていきました。

❷教育委員会に電話

次は**各市町村の教育委員会**に電話します。

電話で相談する内容
a 次男の現状と希望
b 情緒学級に在籍の子の交流級（状況によって通常級で活動する）とのかかわり方
c 次年度からの転籍が可能か否か

インターネットで「○○市教育委員会」と調べて、1か所ずつ電話をかけました。電話に出たすべての教育委員会の方は、口調も優しく、とても親切でした。皆さん熱心に話を聞いてくれ、好意的なのが印象的でした。「今まで大変でしたね。次男さんが安心して過ごせる場所が見つかるといいですね」。そんな言葉を何度もかけていただき、電話口で泣きそうになることもしばしばでした。

これまで「教育委員会」というとお堅いお役所的な組織だと思っていましたが、実際のところは「困っている」という訴えに対して、「なんとかしたい」と思ってくれていると感じました。もっと早く、相談したり、頼ったりすればよかったと思います。

教育委員会と話すべきことは、まず**現状と要望、どこまで現実的に可能なのか**、です。相手の時間をなるべく奪わないよう、簡潔に短時間で進めていきました。電話にあたっては、次男についてのサポートシート（現状＋要望をまとめたもの。次ページ参照）をＡ４用紙にまとめ、これを見ながら伝えていきました。

情緒学級というのは、通常学級が合わない自閉症の子（知的障害なし）が主に在籍しています。

●次男のサポートシート

名前：次男くん

診断名：自閉スペクトラム症　　療育手帳Ｂ　精神障害者手帳　２級

通っているところ（病院など）	いつから	医師、スタッフから言われていること
放課後等デイサービス	2023/5 ～	友だちとやりとりをしつつ、レゴをしながら落ち着いて過ごしている。
病院 ○○市△△児童精神科	2019/10 ～ 2023/11	今は生活を立て直す。衣食住にフォーカスする。本人が嫌がることはしない。無理強いしない。この先は、本人の興味や関心から世界を広げていく。

好きなこと・得意なこと

レゴで左右対称のものをつくる。水泳（クロール）。学校に行けなくなり休会中。優しいので人の気持ちを気にしすぎて、自分の想いを後回しにするところがある。

課題・そのための手だて

●文字の読み書き
ひらがな、カタカナは読めるが、書くことはできない。音読や書き取りに時間がかかり、取り組むことが嫌になってしまっている。課題を減らしたり、本人に合わせて課題を設定したりすることが必要。
●集団で長時間過ごすこと
45 分間、イスに座ることが難しい。立ち上がってウロウロしたくなってしまう。SOS カードで休憩する時間を取る。

最新の検査結果サマリー

2022 年秋 WISC（知能検査）
•言語理解○○○、•知覚推理○○○、•ワーキングメモリ○○○、•処理速度○○○
受け答えがゆっくりで、表情も乏しい。読み書きは年齢相当より下。基本的な生活の用語を知らないので、会話が成り立たないところがある。
※児童精神科医師より
少人数制で、当人のペースで過ごせる場所で学ぶことが望ましい。情緒学級をすすめる。

学校に望むこと

少人数で彼のペースで「学び」と「体験」の機会を得たい。具体的には情緒学級を試してみたい。たとえ少人数でも、登校が難しい可能性はあると感じている。

教育委員会「情緒学級がない？　そんな自治体があるのですか？」
私「結構あります。４割ぐらいの自治体にはない印象です」
教育委員会「なら、通常学級でどうやって過ごしているのでしょう？」
私「通常学級になじめない子は不登校になるか、教室にいられなくて校内をウロウロしています。そのような子どもが複数います」
教育委員会「そうなんですか……それは辛いですね」

教育委員会の方もやはり情緒学級が必要だと思っているようでした。なのに、**すべての自治体に設置がないのは、子どもの学ぶ権利の観点からも問題**だと改めて感じました。余談ですが、５分までかけ放題の携帯料金プランだったのを無制限プランに変更するのを忘れて、この月の電話代は1万円を超えてしまいました。

❸好印象な教育委員会&次年度から受け入れＯＫな自治体をピックアップ

電話で話をしていると、「特別支援教育にくわしくないのかな？」と感じる方に出会うこともありました。例えば「すぐに情緒学級に転籍するのは難しいので、お子さんにもう少し通常学級で頑張らせてみてはどうですか？」という言葉です。

そのように言われたところは、候補から外しました。

電話に出たのは、あくまで教育委員会の方で、実際に子どもたちに接するのは現場の方とはわかっていても、**違和感が少しでもあったところはやめよう**と決めていました。

私「今日お尋ねしたいことは2点です。情緒学級に入れそうかどうか、次の4月から可能かどうかです」

教育委員会「情緒学級に入れるかどうかは、最終的には教育委員会との面談が必要です。今この電話でははっきりとは言えないんです。今はどんな状況ですか？」

私「診断としてはASD、ADHD、LD（学習障害）疑いです。小1の9月から1年間、小学校には行っていなくて、小2の9月から週に1コマで通級に行っています。そこは先生との1対1だからか、抵抗がない様子です」

教育委員会「ありがとうございます。今まで何か検査を受けたことはありますか？」

私「1年ちょっと前にWISC（知能検査）を受けて、IQが標準より低いと言われました」

教育委員会「では実際に面談して、知的学級か情緒学級か決める形になると思います」

私「はい、わかりました」

このように現状を理解していただいたら、次は**交流級**とのかかわり方です。交流級とは、特別支援学級（知的障害、情緒障害）に在籍する児童生徒が通常学級に入り学習を行うことです。近年のトレンドとして、**インクルーシブ教育**があります。障害のある子どもも、障害がない子どもも、それぞれごちゃまぜで過ごそう、というのが主旨ですが、「ただ一緒に過ごす」ことだと勘違いされていることもあります。

一部の自治体では、特別支援学級に在籍する子どもでも、主に通常学級で活動するという決まりがあります。ただ、これをうまく機能させるには、子どもと大人の人数比で、大人側を増やし、かついろいろな選択肢を選べる環境が必要です。なお、**私たちはこのような自治体での通常学級との交流を積極的には望んでいなかった**ので、以下のようなやりとりになりました。

私「○○市での特別支援学級と通常学級の交流ですが、特別支援学級の子どもは

教育委員会　基本的に特別支援学級にいて、ときどき通常学級に行くという形ですか？」
「そうですね。〇〇市では、その子どもの状態に合わせて決めています。特別支援学級メインで過ごす子もいるし、音楽や体育などのときだけ通常学級に参加して、国語や算数は特別支援学級の子もいます。本人が快適に過ごせるのが特別支援学級だけという状況なら、無理に交流させません」

私　「よかったです。安心しました」

理想なのは**インクルーシブの環境であっても、子どもひとりひとりの状態を見て、臨機応変に対応していること**です。この自治体はそうだったので安心しました。さて、最後です。

私　「急で大変申し訳ないのですが、次年度4月から転籍できますか？（このとき2月）」

教育委員会　「それは……難しいです。現在は通常学級在籍ということですから、通常学級と判定されたお子様をこちらで転籍させることができなくて。来年度4月から通常学級で〇〇市に転入して、様子を見てから7月ごろに判断して、再来年度に特別支援学級に転籍という流れになりますね」

私　「そうですか……。次男はおそらく通常学級には行けないので、そうすると不登校がさらに1年続くことになります……。残念です。でもありがとうございました！」

教育委員会　「ごめんなさいね。引っ越しプラス転籍だから、この辺の融通が利くといいのだけど……」

私　「いえ、とんでもないです。お時間をいただいてありがとうございました」

このあと、同様のやりとりを数回重ね、次年度ＯＫの自治体がようやく見つかりました。

❹情緒学級の設置がある学区の中から住みたい街をピックアップ

ここまでで、情緒学級があり、次年度転籍ＯＫなのは2都市に絞られました。情緒学級がある市町村は多くても、次年度から転籍ＯＫとなると、ほとんどダメでした。さて、ここからは、この2都市の中での小学校探しです。条件は**「情緒学級の設置がある」「学区全体が落ち着いている」**ことです。

長女と長男がいるので、学区内の公立中学校が荒れておらず、できれば学力が高いところが理想でした。というのも、長女はマイペースで自分なりに学習を進められるのですが、長男はよくも悪くも周りに合わせてしまう子。朱に交われば赤くなるので、なるべく勉強ができて、まじめで落ち着いた子が多い学区がいいと考えました。

まず、どちらの市も公立小中学校は、

A：通常学級、通級、知的学級

B：通常学級、情緒学級

に区分されていました（すべての設置がある小中学校もまれにあります）。

教育委員会のウェブサイトに一覧があるので、地図で大体の場所を確認後、ハザードマップを合わせて、安全そうな地域を探しました。ここまでで、それぞれ4校をピックアップし、8校に絞られました。

続いて、情緒学級がある「小学校名＋賃貸」でひとつひとつ検索します。住みたい家の条件で検索したところ、たった2件の物件に絞られました。どちらも遠方なので、オンラインで内見を申し込み、何度目かわからない家族会議を実施しました。同時に中学校に電話して「転校生の多さ（なじみやすいか）、ＩＣＴ（情報通信技術）活用の様子、特性のある子どもへの対応」についてヒアリングしました。

その上で、2校の学校（1市ずつ）と候補の家のメリット・デメリットを表にして、家族5人で多数決をとりました。奇数でよかったです。こうしてようやく、引っ越し先と転校先が決まりました。決めたところで、教育委員会の担当の方に電話します。

私「〇〇小学校区に決めたので、手続きをお願いします！」

教育委員会「決まったのですね！　次男さんが楽しく生活できるよう、私たちもサポートしますね」

私「ありがとうございます」

教育委員会「前にもお伝えしたのですが、情緒学級か知的学級か通常学級のいずれが適当かを判断するため、今の学校から書類を送ってもらってください。あと、児童精神科医の意見書ももらってきてください。面談させていただきます。こちらまで一度来られますか？」

私「はい、わかりました。では今の学校に依頼します。主治医の意見書も手に入れ次第、また連絡します」

それからすぐ主治医に電話で**「引っ越しすること」「教育委員会用の意見書と引っ越し先の病院への紹介状が欲しいこと」**を伝えました。意見書と紹介状を書くには、一度受診が必要とのことで、2週間後、児童精神科を受診しました。急なことだったのですが、

主治医 「情緒学級があるところに行くなら大賛成！　意見書には少人数クラス、情緒学級が望ましいって書いておきますね。でもね、これでまた学校に行けなくなっても、それはそれでね。行けたらいいな、でね。行かせなきゃって思わないでね」

と、優しく送り出してくれました。ということで、3週間後、すべての書類を揃え、片道3時間かけて教育委員会と教育相談、ということで面談しました。平日なので、妻と次男の2人で出向きます。初めて教育委員会に行きましたが、普通のオフィスで、市役所のようなところでした。次男と妻で別室でそれぞれ面談しました。

最初は緊張して、モジモジ、クルクルしていた次男も（次男は心に負荷がかかるとクルクル回る）、5分と経たないうちに、なぜか『ソーラン節』を教育委員会のお姉さんと一

緒に歌っていました。初めての場所、初めての人と個室で2人きり、という状況にもかかわらず、リラックスできていて安心しました。

親の面談は、すでに3～4回、次男の現状とこれまでについて説明していたので、サポートシートを基に補足したり、改めて私たち親の希望**「情緒学級を希望する」**と書面に記載したりしました。教育委員会の方には、

「遠くからお引っ越しまでして、次男くんの環境を整えようという心意気がすばらしい」とねぎらってもらったり、「実は私は○○小学校の近所に住んでいるのですが、あの辺りは保護者も教育熱心で、登下校の見守りをよくしています。きっと3人にとってよい環境だと思いますよ」と励ましてくれたりしました。

「見知らぬ土地で、頼る人が誰もいない」「たくさんのお金と労力がかかる」「転校という負荷を子どもたちにかける」ことまでして、私たちが突き進んでいることが、果たして正しい選択なのか――自信が持てない中、手続きをここまで進めてきました。その**ねぎらいの言葉は、本当に心強かった**です。

今回、全国どこの教育委員会の方も丁寧にヒアリングしてくれ、寄り添ってくれました。見も知らぬ自分の管轄外の子どものために、よりよい方法を一緒に考えてくれました。心

から感謝しています。

とはいえ、次年度からの転籍は高いハードルで、受け入れ先の教育委員会の方の仕事を増やしてしまったと思います。私たちは、もっと早く決断し、次年度からの転籍に向けて動き出すべきでした。子どもの成長はあっという間です。具体的には以下のような流れが一般的です。私たちの場合は、市町村外からの引っ越しだったので、以上の流れを2か月で行いましたが、かなり無理を聞いていただきました。

4～5月	担任に転籍したいと申し出る
6月	学内で検討してもらう
7月	市町村の教育委員会で検討してもらう
9月	教育委員会と面談・相談する

おわりに

ブログやX（旧Twitter）で情報発信を始めたのは、**「発達が気になる子を、凡人が育てる方法」**が、世の中にほとんどなくて、私と妻が困ったからです。

例えば、「声かけで子どもが変わる」と主張する人は多いのですが、子どもが大変なとき、子どもは親に言われた言葉を聞いていないし、親も言葉を選んでいる余裕がありません。

いろいろ試すうちに、**「あれ？　世間はどう声かけしようか困っているけど、わが家は声かけより前の段階で困っている？」**ということに気が付きました。

声かけより前の段階で「困った」「どう試行錯誤した」「どんなかかわり方が有効だった」と書かれた本はなく、周囲に相談しても、わが家と同じ段階でつまずく親子はほとんどいないのか、悩みが通じませんでした。

子どもが声かけを聞いていないのであれば、そのときに「子育て」はできないのです。**子ども側は聞いていないのだから。**このことは、子どもたちが成長するにともない、少しずつ親側が落ち着いて、振り返ってみて初めてわかりました。

となれば**親が変わるしかない**――でも、子どもが抱えている日常生活の困りごとをフォローするのに精いっぱいで、余裕がないから、変わりたくても変われない……。

だからこそ**親にも「できない」があることを前提に組み立てる**ことに決めました。追い詰められると頭が働かないのだから、少し余裕があるときに「こういうときは、こう対応する」と決めておき、なるべくその対応パターンに従って行動することにしました。

でも、親の対応パターンを決めるには、普段から子どもたちをよく観察しなければならないから……と逆算し、妻と「ああでもない」「こうでもない」と毎日、何年も話し合ってきた内容が、この本の原点です。

こうやって試行錯誤を続けてきた親子の記録は、**似た状況で困った仲間へのエール（声援）になる**と信じて、ここまで書き綴ってきました。

この本は、問題ばかりに目がいって忘れられがちな**親と子の余裕と健康を見直すきっかけ**にはなるはずです。子育てで困るたびにこの本に戻ってきて、末永く「相棒」として使ってもらえたらうれしいです。

２０２４年８月　外科医ちっち

●著者

外科医ちっち

現役外科医。趣味は読書。のんびり 40 代。15 歳の娘、13 歳の息子、9 歳の息子、それぞれ自閉スペクトラム症。妻は元看護師。多くの方に発達障害のことを知ってもらうことで、皆が生きやすくなることを目指している。X (旧 Twitter) のフォロワー数は約 1.8 万人（@surgeontitti)。ブログ読者は約 4,000 人。

https://x.com/surgeontitti

●イラスト

熊野友紀子

https://www.kumagoya.net/

●校正

ヴェリタ、ペーパーハウス

●編集協力

曽根信寿

発達障害《はったつしょうがい》の子《こ》を持《も》つ親《おや》の心《こころ》が楽《らく》になる本《ほん》

2024年10月11日　初版第1刷発行

著者　外科医《げかい》ちっち

発行者　出井貴完

発行所　SBクリエイティブ株式会社
〒105-0001　東京都港区虎ノ門2-2-1

装丁　市川さつき

本文デザイン　笹沢記良（クニメディア）

編集　石井顕一（SBクリエイティブ）

印刷・製本　株式会社シナノパブリッシングプレス

本書をお読みになったご意見・ご感想を
下記URL、QRコードよりお寄せください。
https://isbn2.sbcr.jp/23142/

　ISBN 978-4-8156-2314-2